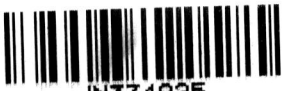

現役女子医大生が教えます！

諦めないで！
医学部合格の
極テクニック

「元３浪の医学部生による受験生のためのブログ。」より

井本　万里子

はじめに

2014年現在、私は大学５年の女子医学生です。一般サラリーマン家庭、公立中学・高校出身、現役時の医学部判定はＥ判定のみ。けれども小学生の頃からの夢だった「医者になる」という目標に向かって夢を変えずに勉強し、3年間の浪人生活を経て、第一志望校の医学部に合格したのは4年前のことになります。

それまでたまに生活の記録を残していた程度だったブログの名前を「元３浪の医学部生による受験生のためのブログ。」に変更し、自分が受験生だった頃に合格した人たちに聞きたかったこと、アドバイスしてほしかったことを思い出しながら、勉強法を記事にしだしたのはその頃からです。

書きたいと思ったときに書く、という自由なスタイルながら、読者さんも増え、コメントやメッセージをいただくようになりました。

今までに200人以上の方と交流させていただき、勉強の悩みだけではなく、医学部受験を諦めるか否か、再受験するために会社を辞めるべきか否か、といった人生・進路相談にも答えさせていただくようになりました。毎年合格者からお礼の報告が来たり、新高３生、浪人生からアドバイスを求めるメッセージが来たりしています。

大学卒業を２年後に控えた今、今までのブログの軌跡を残すこと、そしてこれから受験となる方々が読みやすい形で情報を得られるようにすることを目的として、今回書籍用にブログの内容を大幅に編集し、新しい内容を追加して本にすることにしました。

一部の受験生だけが知っているような細々とやってきたブログですが、「できるだけ細かく、分かりやすく、丁寧に」、「自分が同じ立場だったときに合格者に教えてほしかったこと」、「自分だったらどの選択肢を選ぶか」など、可能な限り親身になって読者さんに答えることをモットーにやってきました。

この本を読んでくださった方の「かゆいところに手が届く」、「医学部に合格できた」、本になったらいいなと思っています。

2014年８月

井本　万里子

目　次

1 失敗談　現役～２浪までの経験談、成績公開

・・医者への憧れ・・

医者を目指すようになったのは小学校低学年の頃からでした。小学生の頃、教科書に載っていた国境なき医師団の女医さんを見たことで、私の憧れとなる人物像が決まり、今までそれを追いかけてきました（あとは、1997年にあった「心療内科医　涼子」というドラマを10歳のときに見ていて、その影響もあります（笑））。

家族や親戚に医者はおらず、また特に教育熱心な親ではなかったのですが、あの女医さんのようになりたいという気持ちを持ち続けてこられたことが、思うような成績が取れなくてもこれまで医学部合格を一度も諦めようと思ったことがなかった理由だと思います。

小学校、中学校を地元の公立校で過ごし、高校は学区内で偏差値が一番高い公立の進学校に進みました。

・・高校時代・・

定期テストでは学年で上位でしたが、実力テストは定期より何十位も下がってしまうことがほとんどでした（定期がまあまあ良かったので調査書の評定平均は4.7ぐらいあって、ずうずうしくも筑波大学医学群の推薦を受けることができましたが、筆記試験が全くできずに落ちました）。

高校3年生のときは受験が近づいてくるのに成績が下がり、医学部を目指しているのに張り出される成績上位者の名簿の中には入れず。それが嫌で、早く卒業したい！　医学部受験するのに恥ずかしい！　と思っていました。これが高3のときの成績です。

○高3　19年度			
世界史		87点	
国　語		166点	（現74点　古文50点　漢文42点）
英　語		176点	リスニング42点
数　学	ⅠA	69点	
	ⅡB	48点	
化　学		59点	
物　理		88点	
合　計		691.4点/900点（76.8%）	

○（記述模試は記録を残していないため記憶によるが）どの模試でも大体偏差値60前後

直前に世界史を頑張ったものの、数学と化学が足を引っ張りました。医学部でなければ国立大学に合格できる結果でしたが、国立医学部のセンター判定はE判定ばかりでした。一般家庭の私は私立に行く余裕はなく、国立は前期だけ大分大学を受け、後期の受験は諦めどこも受けませんでした。そして当初の予想通り浪人生に。この頃は1浪すれば難関国立医学部に行けるだろう的な甘い考えを持っていました。

・・1浪目・・

浪人時、予備校は大体どこも同じと思っていた私は、高校名の判定で学費が全額免除になる地元の代々木ゼミナールに通うことにしました。

さぁいよいよ浪人！　となって予備校の授業が始まり、私は、やる気十分。高校とは違った、はきはきと熱意を持って授業をする先生方にワクワクドキドキしながら授業を受けました。でも、（特に）数学は高校のときとレベルが違いすぎてなかなか予習が進まず。その当時は難しい問題や初めて見る問題は、本当に試験に出るのかな？　と半信半疑でした。今考えると、甘いな、と思います(笑)。

勉強量は朝8時から夜9時まで。勉強内容は予習ができるものは予習、あとはほぼ全部復習。予備校になれるまでの4、5、6月ぐらいは英単語とかちょっとした参考書をやるぐらいで、ほとんど予備校のテキスト中心でした。

最初の勢いで、指にタコができるまで勉強しました。とりあえず二次力を、ということでセンター対策は授業で受けるのみ（特に自習ではやってなかったと思います）。大嫌いだった物理も目からウロコ、というかんじでグングン吸収しました。この後成績は飛躍したんですが……。

夏前まで、授業で習う目新しいことにワクワクしながら食いついていきました。毎日朝から晩まで授業!!　晩御飯は午後10過ぎてからなんてざら。そのうち授業が多すぎて予習と復習が間に合わないことに気づき、不要と思った授業は切っていきました。

そして、夏休み。

1浪目の夏期は正直言って失敗しました。朝から晩まで自習室でみっちり勉強していましたが、消化しきれないほどの授業を取り、ろくに復習できず終わったり、前期の復習をやろうやろうとして中途半端に終わったり……。

でも、とにかく勉強はしていました。その結果、夏後の模試では国立医学部がE判定からB判定やC判定に（1、2回だけですが）!!　しかしその後私は少し調子に乗ってしまいました……。

後期に入り受験が近づくと、記述模試は少しずつ下がっていきました。理由は、予備校のカリキュラムで後期に入っていた内容（化学は平衡・気体、物理ならコンデンサー・電気・

単振動・熱）など私が苦手とする分野は後期の模試からお目見えだったのです。ただでさえ前期の分野も完全にできていないのに、苦手を克服する時間がなく、さらにセンター対策やらなきゃいけない！　ってかんじで、後期はてんやわんやでした。

そして判定がDやEに戻った模試を片手に、12月半ばぐらいからセンター対策一本になったのでした。

1浪時のセンター対策は今思えば最悪でした。基本理科と社会に時間をかけてしまっていて、かなり偏っていました。国語も英語も得意なほうだったからだと思うけれど、一番不安定な数学は模試が良いからって安心しきっていました。

○1浪　20年度			
世界史		81点	
国　語		167点	（現94点　古文37点　漢文36点）
英　語		156点	リスニング38点
数　学	ⅠA	97点	
	ⅡB	67点	
化　学		87点	
物　理		84点	
生　物		58点	
合計（生物なし）738.2点/900点　（82%）			

○（記述模試は記録を残していないため記憶によるが）どの模試でも大体偏差値60～65あたり

この年はセンターが簡単で医学部志望者は９割超えが普通だったので、判定はD、Eばかりでした。二次で逆転できる大学を狙い、二次の勉強をせっせと頑張り受験に挑んだのですが……あまり得意でなかった数学と演習量がいまいちだった物理にガツンとやられ、前期長崎大学、後期大分大学ともに医学部不合格。私立はお金の面で行けないと思っていたので産業医科大学しか受験しておらず、もちろん不合格。そして絶望の縁に立たされることになったのでした。

今分析すると、１浪時は自分の弱点の発見と克服、たくさんの演習ができていませんでしたね。辛うじてできていたのは理解だけだったと思います。そもそもほんのちょっとだけいい成績が出たぐらいで調子に乗ってしまうような時点で、もうダメだった気がしますが(笑)かくして２浪になったのでした。

・・２浪目・・

２浪目は、少し迷いはありましたが、学費全額免除が適応されたので、引き続き同じ予備校に在籍しました。２浪目はこれで決めなきゃ、という話を親としていたので、最後に最大限集中できるように、と贅沢にも予備校の寮に入れてもらいました（自宅だとテレビの誘惑がある、通学に時間がかかる、母親とおしゃべりしてしまう、両親からのプレッシャーがストレスなどの点が気になっていました)。

2浪目は、1浪時に理解できていなかったことが分かるようになり、1浪時よりはるかに問題が解けるようになっていました。成績レベル的には成長していたと思います。しかし、解く問題数は増えたのですが、気持ちが焦ってばかりでつい違う参考書や問題集に手を出しすぎてしまい、同じ問題集を何回も解くことができませんでした。結果的に復習不足になってしまっていたと思います。

夏期講習は取りすぎないように気をつけたり、生活が乱れないように気をつけたりなど、自分なりには頑張っていましたが、その頃は「ただただ頑張れば成績が伸びるはず」といった漠然とした勉強しかしていませんでした。

例えば、「自分が一番苦手とする範囲が何かを分析して克服する」、「大学の過去問をしっかり分析してその対策をする」「去年センターが取れなかったのだから、センターの対策に重きを置く」といったことをあまり考えずに、予備校のテキストをただこなして、持っている問題集をただただ解いて、といった流れ作業のようなことに没頭していました。また寮生活のほうでは、寮の友達との楽しい雰囲気に甘んじて、自分を律せずにゆるんでいたこともありました。

1浪目よりは成績は上がったものの、やはり後半からは成績が下がってきてしまいました。そしてだんだんと受験が近づくと、不安で不安で、常に怖がってビクビクした状態でした。センター対策は前回同様12月半ば以降から始めました（なんとなく、記述の力が上がればセンターも上がるという気になってしまっていましたが、大間違いでした）。

○2浪　21年度		
政治経済	97点	（2浪時に勉強量軽減のために世界史から政経に変更しました）
国　　語	142点	（現61点　古文36点　漢文45点）
英　　語	172点	リスニング36点
数　学ⅠA	73点	
ⅡB	79点	
化　　学	100点	
物　　理	91点	
合計	748.4点/900点	（83.2%）

○（記述模試は記録を残していないため記憶によるが）どの模試でも大体偏差値63～67あたり

化学は満点だったものの、全体では数学と国語に足を引っ張られて去年からたった2%しか上がっていない……。センターの結果を見た瞬間、終わったな、と思いました。センター判定はC、D判定でした。

私はこの結果で急激に意欲をなくしてしまい、福大（2浪目はとりあえず私立を受けるだけ受けてみました）、大分大、産業医科大、全て不合格となりました（特に大分大学では、実は記述で結構できる内容だったのに、計算ミスや見直しをしっかりせずに適当に終わらせてしまいました)。

しかし……これは3浪になって成績開示した結果分かったことなのですが、実は大分大学の前期試験はあと5点プラスだったら逆転合格していたんです！　もちろん医学部というのは0.1点刻みで不合格になるので、5点というのは大きな差ですが、もし1つでもミスを見つけていたら受かっていたと思うと残念でした。

2 成功談①
３浪目の経験談、成績公開

・・３浪目・・

正直に言いますが、私は３浪になってからやっと、目が覚めたかのように人生をかけてがむしゃらに、本気で戦闘態勢になりました(笑)。２年間浪人してきて、途中で医学部受験を諦めて他学部に行ったり、センターで失敗して出願さえできなかったりとたくさん涙を飲んだ人を見て、医学部はこんなにも難しいんだということを３浪目に突入してやっと分かったのです。３浪目になってから両親も受験についてあれこれ調べ始めてくれ、また浪人にかかる費用を最大限出してくれました（私立医学部には経済的に行かせられないだろうから国公立にいけるように、と)。

予備校を代ゼミのまま継続するか、河合にするか、駿台にするか､北九州予備校（九州では厳しくて有名な予備校です）にするか……。ものすごく悩みましたが、駿台の「特別指導コース」というコースの・九州大学医学部の学生が１対１で勉強を見てくれる・担当のリーダーがついて生活指導もしてくれる・専用の机と自習室が与えられる、という点がすごく魅力的だったので駿台にしました（見学の際担当リーダーの方がすごく頼りがいがあって、親身に話をしてくれたのが決め手でした）。一部学費免除にはなりましたが、高い学費、そして寮費を親に出してもらっての3浪目となりました。

そして3浪目に出会った個別指導の先生との出会いで、私の勉強、成績は大きく変化することとなりました。というのも、その先生の影響で、私は「勉強法」、「勉強の工夫」というものを意識するようになったからです。……その勉強法や3浪目の生活の工夫については次の章から詳しく述べていきたいと思います！

結果的に、3浪目の終わりには、信用できる問題集を3回以上解く、大学の過去問研究やセンター対策をしっかりやる、といった2浪目までできなかったことをやり終え、満足のいく結果を出すことができました。

○3浪　22年度		
政治経済	88点	
国　語	161点	（現97点　古文29点　漢文35点）
英　語	185点	リスニング48点
数　学ⅠA	76点	
ⅡB	96点	
化　学	80点	
物　理	84点	
生　物	83点	
合計（化学なし）	774.4点/900点	（86%）

○記述　駿台模試で偏差値67～73ぐらい

センターは86％と言うと低いようですが、H22年度はかなり難しかったため（8割なくても国立医学部合格できるぐらいだった)、年度による難易度の違いを補正すると高得点の部類でした。判定では国立医学部のほとんどがB判定以上でした（ちなみにH22年度は生物が簡単で物理が難しかったため、平均点が生物のほうが20点も高いというありえないことが起こっていました)。

受験校は、

- 自治医科大学（1次不合格）
- 愛知医科大学（1次合格、面接未受験）
- 久留米大学（正規合格）
- 福大（1次合格、面接未受験）
- 昭和大学（補欠合格）
- 産業医科大学（正規合格）
- 佐賀大学（地域枠　前期合格）

という結果になり、私の浪人生活はめでたく終わりを迎えました（3浪目で当時前期試験の内容が総合問題だった佐賀大学を選んだ理由、というのも「9. 志望校を決めるときのポイント・アドバイス」にて書いています)。

ちなみに、現在私は佐賀大学ではなく、産業医科大学に通っています。4年間受験し続けるうちに産業医という医師の分野に大変興味を持ったこと、学校に魅力を感じたこと、自宅から通学できること、自宅から通うことで経済的負担が両者ともほぼ変わらなくなったこと、合格するために佐賀大学地域枠で受かったものの９年間ずっと同じ地で働く覚悟ができていなかったこと、などが理由です。私みたいな進路を選ぶのはめずらしい例なので、知られるとよく驚かれることがあるので……(^^;)

現在の指導歴

大学１年から５年までの今までで、バイトと家庭教師として直接会って指導（１回以上）したのは20人弱（中学生～２浪まで)、そのうち受験合格者は医学部４人、歯学部３人、獣医１人など。ブログでは今まで200人程度の方と交流があり、毎年５人～10人程度医学部合格報告を受けてきました。

では次の章からは、実際に３浪目に分かったこと、どのような勉強をしていたかを書いていきたいと思います！

3 成功談②
予備校について

まず、予備校の特徴について書いていきたいと思います。

○代々木ゼミナール

東京校にいる有名講師の授業をビデオを通して地方でも受けられるので授業の質がいいです。授業内容は前期と後期に分けられるため、忙しくなる後期に苦手分野が集中している場合は前もって自分なりに対策をしていたほうがいいと思います。

勉強内容は基礎からじっくりと進める形です。講師が各々個性的なので、好き嫌いがはっきりとしそうです。東京校に比べて地方は職員さんが少ないので、他の予備校に比べて校風が自由だと思います。サボりやすい人は注意が必要かな。

1コマ90分、休み時間30分、理科などは2コマあったりします。なので1日に触れる教科は少なくなりますが、基礎力に自信がなければゆっくり考える時間が持ててよいかもしれません。他予備校に通っている人も、夏期に1教科だけビデオ講座を取ったりするなど基礎力養成に役立てるといいと思います。

○駿台

授業は1コマ50分で教科に偏りがないです。授業内容は前期と後期に分かれますが、前期の内容が範囲的に広いためある程度前半でカバーされています。内容は高度ですが、生徒は有名進学校の生徒が多いのでついていける人が多い気がします。雰囲気はまじめで活気があり、地方校でも職員さんが一人一人を見てくれて手厚いです。

授業は基本全て生授業なので分からないところを講師に直接聞けます（数十名～100人単位の）。クラス分けテストなどがあり、緊張感をもって過ごせます。ただ基礎力に自信がない場合は、積極的に質問できないと厳しいかもしれません。校舎によっては個別指導センターが併設されており、医学生に1対1で指導してもらうことができます。

○河合塾

通ったことがないので知っている範囲で……。高校のようなクラス分けになっていて、レベル分けされています。後期は前期の内容をレベルアップした作りになっています。テキストが良くできています。出版書は良書が多いです。全て生授業です。

○北九州予備校

通ったことがないので知っている範囲で……。大変厳しい校風で有名です。自由はほぼないですが、勉強させられるのでサボる心配がなく親は安心だと思います。全て生授業です。授業は切れないです。

○私立専門予備校

通ったことがないので知っている範囲で……。学費はとても高いです。が、大手予備校に比べて手取り足とり一人一人を見てくれます。基礎力がついていない場合や、勉強に没頭できないタイプの人は大手予備校には向かないので、こちらがいいと思います。

◎予備校には行ったほうがいいのか？

予備校には、行ったほうがいいと思います。生活のリズムを１年間保つ・周りとの関係で緊張感を持つ・勉強のレベルを牽引してくれる……などといった利点があります。

◎どこを選ぶか？

サボってしまいやすい人は比較的厳しく自由がないところがいいと思います。基礎力に自信がない人は基礎から教えてもらえるか質問がしやすいところ、基礎力はあるという人は周りに同じぐらいの学力を持った人が集まるところがいいと思います。

4 成功談③ 医学部合格への勉強法

—弟子入りのススメ—

◎自己流は一番危険！

私が頑張っても成績が伸びなかった暗黒時代（特に現役時)、今思えばチンプンカンプンなことやってたなぁって、思うんです。物理とか、分かんないこといっぱいあったのに、何が分かってないか分からないままとにかく「重要問題集」解きまくって。分かんないところなんとなく分かった気にだけして、何周かやれば成績伸びると思ってたし。

数学とか「青チャート」とか基本的なので飛ばして「１対１」をやってて、とりあえずやれば良いだろって思ってたし。受験だって過去問研究もろくにせず、偏差値上げれば受かるんだろって思ってたし。そしてその自己流が間違ってるって気づかなかった。でも今思えば、ホント勉強界のイロハも分かってなくて、世界が狭いというか、とってもいい方法があるのにそれを知らないというか (-_-;)

そのように、勉強の仕方、参考書の選び方、使い方、予備校の過ごし方、などにおいて多くの受験生が非効率的なことをしていたり、独自の方法に偏りすぎていたり、必要とされる情報を全然知らなかったりすることって多い気がします。本人は、おそらく気がついていないことがほとんどだと思います。本屋さんなどではたくさんの有用な参考書や問題集があふれているため、勉強は独学でイケる！　という考えが浸透している気がします。

確かに、ある程度の学力は頭がいい人なら一人でやれてしまうと思います。ただ学校に通うより、問題を解く時間を増やしたほうがいいなどそこには確かに納得する理由も多いです。ですが、医学部受験においては、それはかなりの実力者じゃないとうまくはいかない。だから、勉強においては何も知らないままの「自己流」ってすごく危険だと思います。

◎師匠をつけて！

例えば、スポーツ選手には必ずコーチがつきますよね。技術だけでなく、精神面、そして生活面、食事、情報、戦略……多くのサポートをしてくれます。

私が考えるに、医学部受験もそれと同等のサポートが必要だと思います。また、例えば高校によって大学進学先ってかなり変わってきますよね。有名進学校には優秀な先生がいるはずです。いくら生徒が頭が良くても、一人の力で勉強した人は少ないと思います。

つまりですね、医学部受験に失敗したことがある人には、ぜひ師匠を見つけてみてほしい！　というのが私の意見なんです。一番のオススメは、お住まいの地域の医学部生（やる気のある人、気が合う人を探して）に「〜大学の医学部に受からせて！」という体で、いい意味で利用することです。

医学部生なら、受験情報もある程度知っているし、各教科のバランスの取れた勉強配分、センターとの兼ね合い、時間短縮法、などいろいろ教えてくれるかもしれません。また、年が近い分精神面で支えてくれるのもいいと思います。もしくは、予備校でそういう人を見つけてみるのもいいですね。

科目ごとに仲の良い先生を作って（もちろん尊敬するぐらい優秀な人で)、いわば「弟子入り」するのもいいと思います（ただその場合、例えば数学の先生がマニアだったり、難しいことを教えるのが好きだったりする先生ならやめたほうがいいです。医学部受験は大学によっては簡単な問題だけで事足りたりすることも多いので。また、予備校の先生は全部の教科の勉強をしてきたわけではないので、そこら辺はアドバイスしてもらえないのが残念なところです)。

◎師匠の条件

ただ、師匠の条件、つまり弟子入りする先生の条件なんですが、一番大事なのは「師匠が自分のことを見てくれている！」ということです。私が家庭教師などを一番に押すのはそれが理由です。自分が一方的に慕うだけでは弟子入りにはなっていません。師匠からダメ出しをされ、自分のダメなところに気づく。それが一番大事です。

私も家庭教師で生徒さんに何かを教えるときは、計算の仕方に無駄があればすぐダメ出ししますし、全ての勉強のやり方についてもアドバイスをします。もし私が言わなければ、生徒さんはずっと何がダメなのか気がつかないまま何年も過ごしてしまいます。

過去の私も含め、多浪生に共通しているのは「自分のダメなところが分かっていない」ところにあると思います。なので、自分を真剣に見てくれる、ダメ出ししてくれる、アドバイスをくれる、そういう人を見つけて、弟子入りしてください(^O^)もし雇った人がそういう人じゃなかったらすぐ辞めてもらいましょう(笑)。そういう人を見つけることができるのも、医学部受験戦争に勝ち抜くには大事なことです！

合格者とかは、やっぱりいい勉強の方法とか、具体的な知識とか、知ってるんですよね(^^;)何も特別なことじゃなくても、何回復習しなきゃとか、この時期にはこの勉強してた、とか。学校の先生でもいいです。塾の先生でもいです。素直になって、いろいろ聞いたらいいですよ(o^^o)

なぜここまで言うかというと、私がそういう経験をしたからです。３浪目で医学部の人に１対１で指導を受けて、メキメキと成績が上がりました。自分のダメなところを改善してもらいました。

いっぱい失敗した私が思う一番の勉強法は「**素直になって人に聞く**」です(･∀･)☆

―ノートの取り方について―

◎授業のノートについて

ルーズリーフに書く人もいると思うんですが、私は浪人の途中でルーズリーフからノートに変えました。なぜなら、整理が大変＆だんだん荷物が多すぎるようになっていったからです。性格がマメな人以外はノートのほうがいいかなと思います。

◎予習について

私はノートの左側のページを予習欄、右側のページを授業欄にしていました。こうするとどちらかのページが足りなくなり、次のページまで使うことになりますが、予習のページか授業のページか分かるように記号をつけておくと、調整することができます。土日とかにまとめて予習したい人は、裏紙に書いてあとで貼るといいです。

そうやって予習を残すことで、後々自分が問題を解けるようになったのか、はたまた進歩していないのか分かりました。

【注意事項】

ノートは必ず授業ごとに分けてくださいね（たまに曜日で分けている人がいますが後で見づらくなって後悔します)。

―模試の活用法―

模試の復習は3回やれと聞いていたが、保管や整理方法を間違えて復習する間もなくどこかに消え去ってしまった……。そんな経験をしている人も多いかと思います。そんな場合は、もう一回解かなければ習得できないものはその問題だけコピーしてファイルに挟んでおくといいです。最悪受験直前にでもまとめてやりましょう。模試が返ってきたら結果だけ見て終わる人は反省です。

模試は苦手なところを分析してあるはずだから、心の中で10回ぐらい「自分はこの分野ができないんだ……」とつぶやく。それを認識できたら全力でそこの分野の問題を探してきて解きまくる。それぐらいの気持ちで分析結果を活用してみてください。

―ふせんノートで暗記法―

これは私がある日閃いて作った暗記法です。

用意するもの：大きめのふせん、キャンパスノート

【方法】

（ア）ふせんを２つに折って、上半分に暗記事項に対する問題を作る。そして下半分に答え、暗記したいことを書く。で、下半分をさらに２つに手前側に折って答えの部分だけ隠れるようにする。

（イ）まずはこれを机にペタペタ貼って、勉強の合間にクイズを解く感じで覚えていきます。

（ウ）一度覚えたらふせんを机からはがしてそれをノートに貼っていく。

（エ）ノートに貼ったふせんを復習するとき、忘れていたものはノートの後ろのページに移動させます。

（オ）ノートの後ろに貼ったふせんをもう一度復習して、覚えていたらノートの前のページにまた移動する。そうして移動させることで覚えたものと忘れたものを区別して効果的に暗記できる。

大事なのは、ノートの中でふせんを移動させながら復習することです。だんだんと前ページのふせんを増やせるように頑張ってください。これで私はノート1冊分のふせんを暗記しました。かなり暗記しやすいので便利ですよ！

アドバイスとしては**「書いたものは覚える。覚えられないぐらい難しいものは書かない」**ってことです。覚えるつもりがないのにとりあえず書いているとふせんノートの存在意義がなくなり、次第にノートを開かなくなりますので注意です。電車の中とかで使えます。あと、ふせんをノートの前後に貼り替えていくと粘着力がなくなるので、テープを使っていました。

そのふせんノートがこちら☆私はこんな感じでノート1冊使いました～！

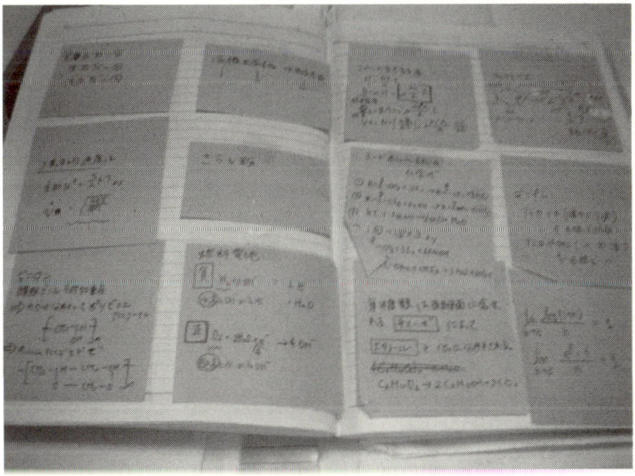

—センターミスまとめノート—

センターの勉強をしていて間違った問題があったときに、その答えにたどり着くために覚えておかなければいけないポイントや暗記事項、簡潔に書き直した問題と解答などをノートにとにかく書いていきます。解いた問題が多くなると、どんな参考書より問題集より点数に直結する武器になるのがこのノートです。

ちなみに２浪時の化学はこのノートだけで満点いけました。３浪時には（センター模試などでは）前日にこのノートを読んでおけば理科では間違える問題がなくなり、かなり役に立ちましたよ。

―計算ミスチェック表―

１枚の紙に、普段勉強したときにやってしまった計算ミスの内容を箇条書きし、１年間かけて同じ計算ミスを何個したか正の字をつけてカウントして記録していきます。自分の計算ミスの癖が分かりミスが減ります。

例えば、マイナスの符合を見落として間違えていたり、くくるときに書き間違えたり、０と６を間違えていたり、毎回同じ数字の引き算で間違えていたり、などの細かいミスをするたびに書いていってください。私は「数学編」と「理科編」の２種類作っていました。

私は１年間かけてこれをやり、分析することで、自分がよくやる計算ミスの癖を見つけました。そして、その計算ミスをしないように解決策を考えたり、計算ミスが起こりそうなパターンのときは慎重にやるよう気をつけたりして１枚の紙に自分の計算ミスの癖が収まり切るようにしました。

さらにこの紙を模試やテストの前に見て、本番でミスをすることのないように気をつける練習をしました。そうすることで本当に計算ミスが減りました。計算ミスをするたびに嘆いてしまう方はぜひこうやって計算ミスの分析をしてみてください。

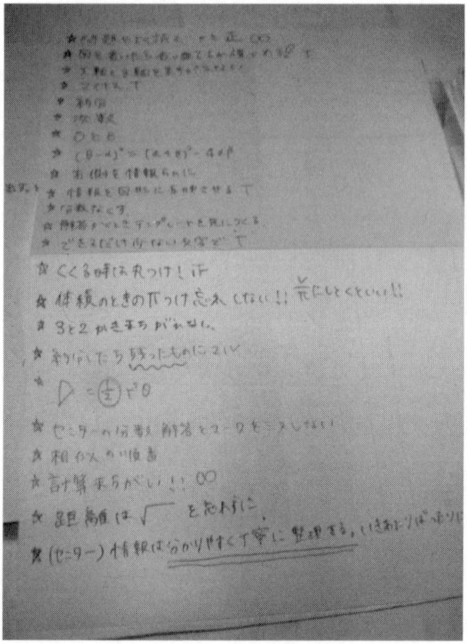
体積のときのπつけ忘れしない!!
距離は√を忘れずに。
(センター)情報は分かりやすく丁寧に整理する。

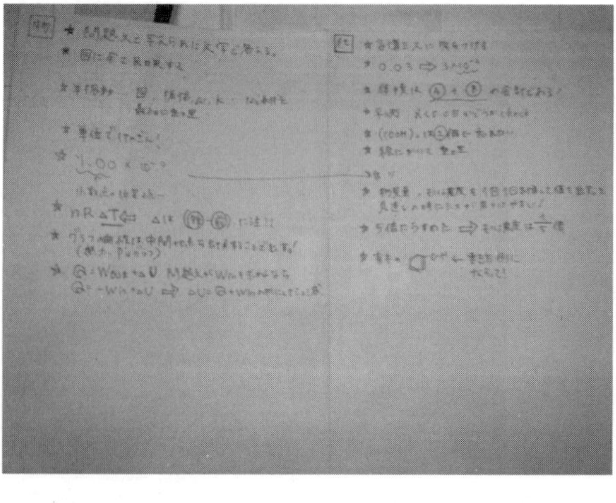

—受験生のメンタルコントロール—
～心のメモ書き～

私の考えでは、受験生って大まかにいって２つのタイプに分かれると思うんです。その２つとは、

・プラス思考で、目標に届かなくても大して自分を責めずに過ごす人
・マイナス思考で、どんなに頑張っていても目標に届かなければ自分を責めてしまう人

の２つです。

プラス思考の方は、おそらくなんだかんだ凹むことがあっても一人で立ち直れたり、しばらく立てば勉強に熱中できたりすると思うんですが、問題なのはマイナス思考の方のメンタル面のコントロールなんです。一人ではなかなか凹んでいる状態から立ち直れない方が、自分の気持ちをコントロールしやすくなるための方法です。

それは、題名に書いた**「心のメモ書き」**ってやつです。心のメモ書きってのは、自分の心にあるモヤモヤを箇条書きで書き出していって自分のストレスを認識するためのものです。ストレス発散のために「書く」ってことに注目してください。後で読むために書くんじゃなくて、モヤモヤを追い出して心を空っぽにする、いわば「忘れる」ためなんです。

私は、ほぼ毎日、心のモヤモヤややらなきゃいけないことのメモ、1日の勉強時間をノートに書いて管理していました。面倒なときは何日分もまとめて書いたり、書きたいときだけ書いたり。私の場合慣れてきたときには、ムカつく出来事があると「ノートに書きまくってストレス発散しよっ」と思うようになっていました。役に立ちそうだと思った方はやってみてください。

ちなみに私が愛用していたのは、Daily Planner(発売先 united bees)というノートです。

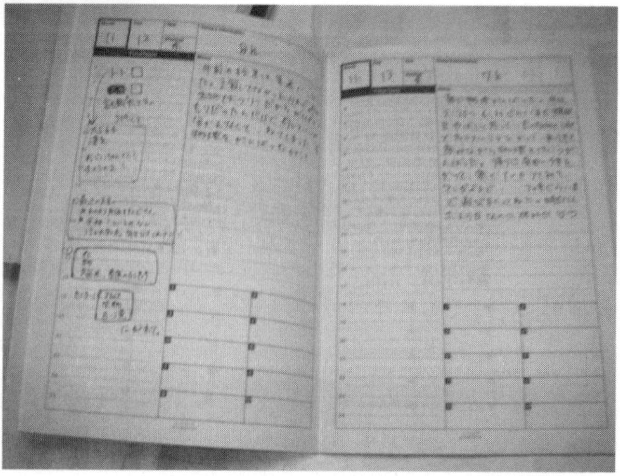

—浪人生活の過ごし方—

◎1年間のスケジュール・センター

センターで8割以下しか点が取れなかったものは、時期にかかわらず今すぐ始めるべきです。特に数学で取れない人は12月からだと間に合わない！　ただセンターの問題ばかりやれというわけではなくて、週1か2でセンターの問題を解いて、ミスした問題をストックしたり、ミスまとめノートなどに書いてまとめるなどのことをしたりすると良いです。

本格的にセンターだけしかしないのは12月を超えてからだけど、現役時のセンターの結果が8割以下の人がセンター対策を今から全くしないで12月から始めるのは危険。センターが苦手な人は12月までに苦手を克服するぐらいにはしておくべき。記述が相当できない人以外は記述：センター＝6：4が目安かも？

・大体の年間スケジュールはこんな感じ☆

【6月～7月中旬まで】；前期の授業の予習復習。

【夏期講習中】；講習の消化不良に注意！前期の復習・苦手分野の克服をメインに。できれば1教科1冊問題集を決めて終わらせるとよい。

【後期】；後期の予習復習はオーバーワークにならないよう、個人が考えていくべき。後期はセンター対策に授業に過去問研究に自習に大忙し！

【11 月まで】；夏期講習中にやった問題集の２回目を終わらせておきたい。私立受験の人は過去問をやっておきたい。

【12 月】；センターが不安で胃の調子が悪くなるかもしれない……。

【1 月】；センター。

【2 月】；国立志願決定！　運命の分かれ道。私立受験。最後の追い込み。国立受験。

・１日の勉強について

私は平日朝９時から学校に来て授業に出るまたは自習。ほぼ毎日夜８時ぐらいまで勉強して帰っていました。授業が終わってからは、次の日の予習と前の日の復習と決めていました。それらを早く終わらせて自分の持っている問題集を解こうと結構必死だったと思います。土曜日は昼まで駿台、午後からはカフェなどで勉強していました。

◎４月半ばの時期にしておきたいこと！

予備校も慣れてきたかな？？　ぐらいの時期にやるべきことについてです。

①　予備校の予習・復習のリズムを整える

いつ、何時間、何を勉強するか固定化しましょう

②　センター対策用のミスまとめノートを作る

量が増えるのでルーズリーフに書くのがオススメ

③　暗記用ふせんノートを作る

(詳しくはＰ 34 ～ 35 参照)

④　受験計画や勉強計画を書くスケジュール帳または日記（心のメモ帳）を決める

私は、１日の勉強時間・１週間ごとの勉強累積時間・気持ち吐きだし日記・やる予定の勉強内容 etc…について書いていました。

⑤　１年間使う単語帳を決める

⑥　半年、または１年間使う英語長文（読み物）を決める

私は「速読英単語」を使って1日2セットぐらいは必ず読んでいました

⑦　計算ミスチェック表を作る

(詳しくはP 37〜38参照)

です!(^^)!！！

今はおそらく予備校の授業の予習復習でヒーヒー言っている頃だと思うので、無理して多くの問題集や参考書に手を出さなくても大丈夫ですから1年間の根幹となる「体制」づくりをしっかり行ってください☆ゴールデンウィークあたりぐらいから、予備校の授業も安定して受けられるようになったら特に苦手な分野の勉強を頑張りはじめていいと思います。

とにかくこの時期は、1年間続けられる自分なりの勉強法を作り出して最後まで「安定」して成績を上げていけることを目標にしてみてくださいね(^_-)-☆

ちなみに1日に全科目勉強しようとせず、1科目に2〜3時間割くぐらいの余裕をもってスケジュールを立てると集中して勉強できるし、計画倒れしにくいのでオススメです♪
一時期にガガーっとやる努力より継続できる努力、そして継続させる工夫づくりを大事にするといいと思います (*^_^*)

◎夏の勉強法〜１日を４つに分ける〜

勉強する上での１日の使い方について書こうと思います。これは特に夏休みに使えます。

それは「１日を４つに分けてスケジュールを組む」というものです。

具体的には

① 朝から12時ぐらいまで

② 1時ぐらいから4時ぐらいまで

③ 5時ぐらいから7時 or 8時ぐらいまで

④ 9時ぐらいから11時 or12時ぐらいまで

の４つです。

この４つに分けたうちの１つのグループで、１つの教科を勉強するのが、私が考える「１つの教科を勉強するのにちょうどいい時間」なのです。

よくスケジュールを立てるときに、１時間とかそこらの時間ごとに教科を変えようとする人がいますが、大抵１時間じゃ何もできない上に、熱中して勉強したために時間を忘れてスケジュールを破綻させたりすることになりますよね。だから、大体３時間ぐらいごとに勉強する教科を変えるのがオススメです。３時間あればまとまった内容も勉強できます。

例えば「今日の午前中は化学の気体を勉強、夜はベクトルを勉強で、今日は物理をやらないから明日の午前中は物理の電磁気をやる」というように。まとまった分野をやることができて、苦手克服に効率的だと思います。スケジュール立てが苦手な方は参考にしてくださいね。

◎夏の勉強法～監視役をつける～

夏をだらけて過ごしたくない方に私オススメの方法をご紹介します。

端的にいうと**「監視役をつける」**です。昔何かの本で読んだんですが､人間を意思の強い人と弱い人に分けたとしたら、後者は意思が弱いため自分を変えようとしても失敗してしまいます。だから、より良い理想の自分に近づいて生きるためには“工夫”が必要になるんです。

私の場合の工夫は

・タイムカードのある予備校のクラスに入って、毎朝夏でもきちんと起きるようにした。
・担任の先生と仲良くなって、毎日の生活を把握してもらうようにした。
・授業はなるべく朝あるものを取った。
・授業が入っていないときは、個別指導してくれる医学部生に朝授業してもらった。
・眠くなったら勉強できる雰囲気のカフェにいって勉強し、寝ないようにした。

といったように誰か監視役としての他人を利用したものでした（言い方は悪いですが)。

注意点としては、友達に監視役を頼むのはあらゆる理由で無効だと思うので気をつけてください。私のオススメは、医学生を夏だけバイトで雇って、・スケジュール管理・苦手な科目アドバイス・相談・監視役を頼むことです (^^)

◎模試の範囲に合わせて勉強する

夏以降にどうしても判定の良い試験結果を見たい！　そうでないなら落ち込んでダメになってしまうかもって方向けです。それは、「模試の範囲に合わせて勉強する」です。

5月ぐらいに受ける模試と9月以降に受ける模試の違いをはっきりと意識したことありますでしょうか？　そう。模試って出題範囲決まっているんですよね。5月ぐらいには物理では力学、化学では化学方程式、9月以降は物理ではコンデンサーや電磁誘導、化学では気体や平衡授業でやったことなくても難しいのがふつーに出ます。

だから、要は、今後の成績次第では親から学部を変えろと言われていたり、精神的に余裕のない人は、夏の間に去年の過去問っぽいのをなんとか入手して解いて、出そうなところだけ参考書や問題集を解いたりすると、他人と差をつけることができます。

ここで注意してほしいのは、

・やることが多くなるので頑張らないと夏休み中にやるべき基礎の復習が終わらないこと
・実際の受験では範囲が広いので思うような結果が出ないかもしれないこと

ですが、模試の成績が上がればモチベーションも上がるかもしれませんし、試験でよく出る、差がつく分野の攻略が早めにできるし、ある程度基礎を終えた方にはオススメです。ちなみに私の経験では、夏に物理はコンデンサー、電磁誘導、化学は気体、平衡、数学は積分、確率、英語は長文要約をやっておくと夏後の模試の範囲に合っていて良かったです。

◎私が夏期講習中にやったこと

夏期講習中にやったことを話そうと思います。

①　前期の復習

ただし、全部やると膨大な量になるのである程度重要度の高いものから優先順位をつけてやりました。予備校のテキストには難しすぎるものや、優先順位の低いものも入っています（なかなか判断は難しいですが）。

生真面目に全て復習しなくてもよいですから、自分が苦手とする分野や何度もやる必要性のある問題から手をつけていきましょう！　完璧ではなく最善が大事です。

②　各教科につき１冊だけ決めた問題集をひたすら解く

まずは問題集を１回解いて、夏が終われば２回目をやる予定で進めていました！　あまり分厚いのは無謀なので、前からやってきた問題集とか、やりかけのとかでいいと思います。秋口に２回目３回目ができる分量でいいです。夏期講習を取っている人はその問題集でいいです！

③　センターで苦手な分野だけ（私の場合センター数学の図形）問題を解き、間違ったものはコピーを取ってストッ

クする（後で見直せるように）

④「センター数学マニュアル」の内容をふせんノートで完全暗記！

てな感じでした。もちろん、上で言ったものが全て完璧にできたわけでなく、夏が終わった後に少し努力の跡が残った（ちょい頑張ったなぐらい（笑））程度なものでしたが最善を尽くせた夏だったと思っています。

◎適切な夏期講習の取り方

私は３浪しましたが、過去このような経験をしました。

【１浪時】：夏期講習を受けすぎて（十何個か）勉強した気になったが、予習復習ともに中途半端。

【２浪時】：毎日１個か２個夏期講習を受けたが、予習復習ともに１回ずつしかやらなかった。

【３浪時】：本当に必要なものだけ３個ぐらい取って、あとは朝早くに個別指導の人（いわゆる家庭教師の人）に教えてもらうことで、だらけずに勉強のペースを保った。空いた時間で１教科１冊ほどの参考書を何回も繰り返し解いたり、暗記を完璧にしたり、志望校の過去問をしたり、前期の復習をしたりした。苦手なところは個別指導をみっちりしてもらうことで夏の間にどうにかした。

お分かりだと思いますが、私が納得の夏休みを過ごせたのは３浪目だけでした。

まず、みなさんが夏期講習を取る理由をあげていくと

①　苦手分野をなんとかしたい

②　夏休みに一人だけで勉強できない
③　授業がないと朝起きれない
④　授業を受けて成績を伸ばしたい

ということが言えると思います。確かに夏期講習は上記の目標を達成する可能性をもっていますが、同時に夏休みを後悔するものにする可能性もあります。

現実的に考えて、1時間の授業には予習復習それぞれ1時間要するとします。すると夏期講習ひとつ受けるだけで1日かかるということになります。さらに1回の復習では足りない場合、ひとつの夏期講習で約2週間かかることもあり得ます。そんなに、と思うかもしれませんが、勉強を習得するためには復習が大切ですから多くの時間をかける必要があります。

こう考えると①と②の目的は、参考書や問題集で十分な場合があります。有名な先生の場合は別ですが、「とりあえず受けとけ」的に取る授業は自分でやったほうが効率的です。

②と③の目的ですが、私は2浪目のときにこの目的で講習を受けていました。しかし、3浪目でこれに変わるいい案に会いました。それが個別指導でした。近くの有名難関医学部の方に2、3日置きに朝早く指導していただきました。これなら自分の苦手分野だけできるし、宿題もやる暇はたっぷりあるし、お金も夏期講習を取るより安くできました。ただ、これは私の場合なので、人によっては良い先生が見つかるか

分かりませんが。

私が言いたかったのは、夏期講習は適度（少なめ）がいいということです。

◎夏休みの計画立て～指導例～

指導中の生徒さんの計画（私のアドバイスを取り入れたもの）です。

まずは、私のアドバイスは以下のようになります。

・夏期の授業は取りすぎない（多くても1日ひとつぐらいにしておく）。

・夏期の授業が入る日は予習復習の時間も計画に入れるため、他の勉強の時間はあまり入れられないことを考慮しておく。

・1日を4分割して4教科（1教科2～3時間）ぐらいで少し余裕のあるスケジュールにする。

・1週間単位で全教科をいいバランスで勉強できるようにする。

・問題集は頭からただなんとなく勉強するのではダメ（だらける、途中で止まる可能性あり）。どの分野をどういう目的で勉強するか目的意識をもち、どの問題から解くか優先順位をつけてからやる。

・優先順位をつける際は、過去の模試を分析して、苦手なものなどを把握しておく。

・その目的やスケジュール、時間に合った問題数を決める。全てをやろうとして無理になるよりは、レベルを制限して解くといい（☆マークでレベルが分かれている場合は、難易度が高いものはとりあえず飛ばす、など）。

・１週間ごとに目標を立て、その達成度を把握してから次の週の目標を調整する。

・立てた計画の８割達成できればOK！　逆に言えば必ず８割はやれるスケジュールにしておく。

　で、そのアドバイスに基づいてザックリと立ててもらった計画表がこちらです。

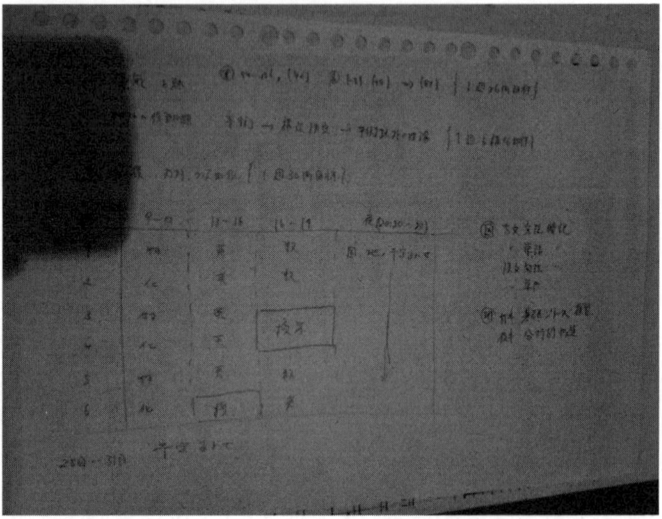

◎夏休み後の後悔について

夏期に入る前に立てた計画が結局は全然終わらなかったり、夏が終わった後の自分の成長を期待していたのに前と同じ感覚しかなかったり、頑張って勉強したのに模試の結果が下がっていたり、復習できていなかったり、夏期講習入れすぎたと後悔したり、遊びすぎたと悔やんだり、いろいろしていると思います。

私は３浪もしてしまったので、夏期講習は３回経験があります。毎回、悔やむことはあったし、そして夏期の効果が夏期終了直後に現れた経験はありませんでした。もちろん、夏期の勉強の成果は合ったと思いますが、それは徐々に現れたように思います。

実は、夏期を過ぎると予備校の模試はレベルが上がります。そこで成果が出なくて落ち込んでやる気をなくす人を今までたくさん見て来たので、言いたいんです。「夏期が終わったら成績が格段に上がるというのは過剰な期待！」大丈夫。これからですよ。

合格前に私が１年の中でもっとも充実していたと思うのは、10月、11月でした。その時期は勉強範囲もかなり広くなっているし、何より夏期中にやった問題集などの２回目をセンターが近づく前に終わらせるのに必死でした。そこで着をつけられたのでは？　と思っています。夏休み後の過ごし方については次に書いていきます。

◎夏休み後の過ごし方

まず、これからやらないといけないことを挙げると

① 予備校の授業

② センター対策

③ 記述の問題集

となります。

残りは9月、10月、11月、12月、1月、2月ですが、国立志望の方は12月、1月はセンター、2月は大学過去問をやるでしょうから9月、10月、11月の3カ月で学力を医学部合格ラインまでもっていかなくてはなりません。

ここで問題なのが、この3カ月をどう過ごすかということになります。まず一番にやるべきことは、9月と10月の2カ月間で自分が一番苦手とする分野や、やりかけている問題集を終わらして、さらに2回目以降までの復習を終わらせることです。

ここで注意してほしいのは「2回目ができないようなあまり多くの問題は解かない」ってことです。問題はいっぱい解いたけど解けない、じゃ意味ないですから、とにかくこの2カ月で、確実に解ける問題を増やすんです！

センター対策です。(詳しくはP 110・120参照)

センターで去年85％を切った科目または特に苦手な科目は、9月から問題を解いて「センターミスまとめノート」にストックしていきましょう。

国語で点を落とした人は今から「どうやったら点が取れるのか」研究しておきましょう。私のオススメは駿台の小泉先生の授業ですが、その代わりとなる参考書としては東進ブックスの板野先生のがいいと思います。

数学は「センター数学マニュアル」

理科と社会はいろんなところから出ている実践問題集

英語と国語は過去問

を使ってください。

予備校の授業は不必要と判断したものは切っていいと思います。ただし切りすぎはだらける元なのでバランス重視で。

11月は、

・10月までに終わらなかった分や、やっておきたいこと

・私立を受ける人は私立の過去問

・国立だけの人も余裕があれば過去問

・苦手なやつのセンター対策

12月は

・忘れないように記述対策もしつつ

・センターの仕上げ

1月は

・センターの暗記を完璧にしつつ

・センターのリハーサル

そして本番へ！　というのが理想的な流れかなと思います。

ってことで、まずは10月までに問題集を終えることを目標に頑張ってみるのはいかがでしょうか。私は3浪目の10月末に、問題集の2回目を終わらせるために2週間ぐらい死にかけた記憶があります(笑)。終わったときは呆然としていました。かなりのハードスケジュールですが頑張ってみてください。

◎10月の目標～！

私の経験からいうと、10月11月って一番精神的にきつい時期でした。

センターが迫ってくるのにセンターはあんまり勉強できないし、そういえば夏休みにやるはずだった前期の復習もやり残しがあるし、っていうか後期の予習・復習もやんなきゃだし、問題集もやり残しがあるし、問題集の2回目もやらなきゃだし、10月はこんな感じに陥っている方、いるんじゃないかな～と思います。

そこで、端的に10月の目標、決めちゃってスッキリしましょう、という話です☆タイプ別に分類してみました！

【国立を目指してる方へ】

①今の時点でセンターが合計で8割超えている人は、今はセンターは置いといて、記述対策を頑張りましょう！

記述対策は以下のように対策してみてください。

【A】予備校のテキストで東大向けなどの難しいものは、その中でも比較的やさしめのものを中心として復習のみに力をそそぐ。

【B】予備校のテキストで自分の力に合っていそうなものは、予習・復習ともにやる。

【C】予備校のテキストで簡単だけど計算の練習になる、または大学入試に出そうなものは、予習で一発で答えが合うように予習に全力を尽くす。

【D】前期の復習で終わっていないものは、ノートを読むことで復習としてしまいましょう。

【E】自分でやっている問題集でやり残したものをやりたい人は、自分が特に苦手としているものを10月に終わらせることにして、それ以外はとりあえずストップさせましょう。

【F】11月までに今までやった問題集の2回目が終わるように、2回目に手をつけていきましょう。

【G】センターの模試があったら、やり直しをするときは必ずセンターミスまとめノートに何を間違えたかメモしていきましょう。

という具合で、主に自分のレベルに合った予備校テキスト・

今まで解いた問題集の２回目をやることを目標にしてみてください。

②センターが８割ない人へ

　予備校テキストは思いきって、Ｂ．Ｃレベルのものだけやることにしましょう。Ａレベルのものはやっている場合じゃないです！

【Ｈ】理解できていない分野（センターと記述どちらでも）は、予備校の進度と関係なく自習していきましょう。必ず穴があるはずです。お勧めなのは、苦手な分野だけ集中的に勉強していく方法です。

【Ｉ】センターで８割ないものは、今からでも必ず手をつけてください！　５回中４回は８割超えを達成できるまでは、必ずセンターの勉強はし続けてくださいね (>_<)
８割超えができるようになれば、12月になってから９割に向けての勉強ができます。

【Ｊ】12月までに、今までやってきた問題集のうちで間違えた問題・重要な問題をピックアップして２回目を解いていきましょう！

こんな感じで、センターがある程度できる人とできていない人ではセンターにかける時間が変わってくると思います。センターが８割超えれば記述で逆転の可能性もあるので記述力ってすごく大事なんですが、センターで８割切るとおそらくやる気がなくなってしまうと思います。だからこそ、センターで今８割ない人は今すぐ対策をしないと！　なんです(>_<)

【私立志望の方へ】

私立志望の方はセンターがないので、予備校テキストと問題集の２回目（もしくは１回目）をやりこみましょう☆ただ10月からはそれにプラスして過去問も分析してみてください！

例えば、化学の高分子のところがたくさん出てる、とか数学はベクトルが毎年出てる、とか英語は発音が出てる、とかそういう分析をして、分析ができたら、その分野などに特化した勉強をするようにしてみてください。高分子がたくさん出るなら高分子だけ勉強する、ベクトルだけは何が出ても解けるようになる、って感じです。

10月～12月は一番きつい時期ですが、一番力がつく時期でもあるので頑張ってください。

◎過去問の使い方について

私の経験になりますが、複数受験する場合は、一大学につき３年分は解きたいところです。まず１年分解くときは

・試験時間にどれくらい余裕があるか（特に英語！）

・出題形式

をチェックしてください。

その後、２年目、３年目で

・その大学の傾向（出題形式の同じところ、難易度、必ず出る分野・問題など）を理解

・本番で解く順番を決める

などを注意して解いてみるといいと思います。そして、ここまで終わって、やっと過去問を使った勉強のスタート地点です。

おそらく、多くの受験生は過去問を使った勉強というと「とりあえず解く」ってなってしまっていると思います。でも、それじゃ全然意味ないです。そっくりそのまま同じ問題が出るわけじゃないんだから！

では、過去問をどう活用するかというと、**「今までの問題傾向を参考にして、自分で今年の予想問題をあらゆる問題集から探して解く。」**なのです。その時、大抵の大学は２年続けて同じ問題は出しませんから、去年の問題は結構外せます。

例えば、物理で必ず少し難しい力学が出題される大学で単振動が最近出ていなければ、今年は出るな！　とか。電磁気でコンデンサーが最近出ていなければ、今年来るな！　とか。

私立では化学は意外と高分子・脂質大好きな大学もありますよね〜。数学でも、数列が良く出るなら、今年はこんなのが来そう！　とか。何年分かやれば、これ来るかも！　ってのが見えてくると思います。特に私立は顕著です。

特に数学は大学によって

・予備校のテキストで習うような難しめな数ⅢＣがメイン
・問題は簡単だけど計算がすごくややこしい
・他学部と一緒
・ⅠＡの小問がある
・図形問題がある

など、大学の特殊性があると思います。そこの大学に合わせた問題でないと意味がありません。他の大学の使い回しってのも多いので、似たような傾向の大学の問題とかを探すのもいいですね。

よく過去問の問題をやって分からなくて落ち込んだりする人もいますが、そうではなく、過去問によく出るところを勉強し直せばいい訳です。逆にいえば、よく出るところが分かっているなら、過去問ではなく他の参考書をやったほうが有益ですよね。もしかしたら、こんなの出そう！　と思ったのが出るかもですから。

でも私立をいっぱい受ける人はオーバーワークになりますから、第一志望校のものから多めにやればいいと思います。

◎勉強したくないときの過ごし方

ここでは私が３浪のときで、勉強にやる気が起きないとき、ストレスがたまったとき、落ち込んだとき、そんな時どうやって乗り越えたかについてです。

よく勉強したくなくなったら思いっきり遊ぶ、とか・それでもとにかく勉強する、とかいう方法論を聞いたことがあると思います。確かに思いっきり遊んだら一時的にスッキリしますけど、後悔する人、いると思います。勉強できない精神状態なのに、それでも勉強するって、病む人いると思います。そんな人にオススメなのが、そんな時こそ**「具体的な勉強計画を立てる」**ことです。

普段勉強で忙しいときにはあまり時間が取れないので具体的な計画って立てづらいと思うんですが、勉強のやる気がないときは思いきって１、２カ月先までなんの問題を何題解くかまで決めてみてください（この時、あまりきつめに立ててはダメです）。

計画を立てるとき、人は理想を夢見ます。計画を達成した自分を想像しています。だから、勉強計画を立てると自然にやる気が出てくると思います。あまり理想と現実に差が出ないように注意して計画を立てればあとから役に立つはずです (^^)

◎心苦しくならない休息の取り方！(^^)!

浪人でかつまじめでかつネガティブ系な人は、休みの取り方が下手なことが多いです。

・休んでしまうことに罪悪感を感じて頑張り続けた結果鬱になってしまう人

・ちょっと休むつもりが、遊んで時間を無駄に過ごしてしまう人

・毎回毎回自分に言い訳をしてたくさん休んじゃう人

・適度な休息をしたのに、それですら罪悪感になって自分を責めてストレスにしてしまう人

・ってかどれぐらい休むのが普通なの？　って人

・テレビって見ていいの？　って人

・今日は頑張ったから映画ぐらいいいじゃん？　ってのがいつの間にか増え続ける人

・勉強しなきゃな、と思いつつ結局今日もケータイいじって１時間過ぎたやん……って人

etc.... こんな人、いますよね。そんな方に私オススメの、ストレスを残さない休息の取り方です。

まず

☞ポイント①

「自分が今取っている休息時間を計るべし！」

自分の現状をまず把握しましょう。1日何時間ぶらぶらしているのか、テレビを見ているのか、携帯触っているのか、人と話しているのか、大体でいいので把握しましょう。

また、多くの人が多めの休息を取ってしまう「模試明け」にどれぐらい休みを取っているか、何をしているか考えてみてください。

今の時点で「あぁ全然勉強してない。遊び過ぎた……」と落ち込む必要も自分を責める必要もありません。私が言う通りの考えにシフトすれば、自分を責めることはなくなるはずです。

次に

☞ポイント②

「自分が今取っている休息時間（平均時間）と全く同じだけの休息時間を組み込んだスケジュールを立てる」

もしポイント①でたくさん休んでしまっていたことに気付いたあなた。まじめな人はおそらく自己嫌悪に陥ってしまうと思います（いっぱい遊んでも落ち込まない人は、今年の受験は諦めてよし(｀∀´))。

でもね、こう考えてください。あなたが遊んでしまったことで罪悪感を感じようと感じまいと、結局自分に負けて時間を無駄にしてしまったという事実は変わらないし、おそらくそれはこれからも続く。それならば、「今日はテレビを２時間見てしまった……」ではなく、「今日はテレビを２時間見る予定だったので見た」としましょう。気持ちは全く違いますが、結果は一緒です。それならば後者を選んでください。

この経験をしているかどうかで、これから受験本番まで「自分で自分をコントロールする人間」になれるか、はたまた「意図に反した自分」になるかが決まります。

☞ポイント③

「ポイント②を経験して、自分をどう改善するか決める。そしてほんの少しだけ改善したスケジュールを立てる」

ポイント②を経験したあなたはきっと「休まなければならない」状態から、「もっと頑張る自分」になりたいと思うはずです（そうでなければ受験なんてやめてよし(σ・∀・)σ笑)。そしたら、ポイント②よりもすこ〜しだけ改善したプランでやってみましょう。

この時、理想のプランはダメです。理想は、必ず破綻が来ます。だから、少し、やれる範囲で、です。もしそのプランが守れないなら、イコールそれは理想だったということです。失敗したら、またポイント①からやってください。

☞ポイント④
「自分が守れるギリの休息スケジュールが把握できたら、そのペースを続ける。キープする」

ここが一番努力のいるところですが、なるべく同じペースで休んだり遊んだりしてください。習慣化することができれば、それは努力しているということです。続けることは難しいですから。でも、ポイント①～③がきちんとできていれば、適度な休息になっているはずですから、続けることもできるはずです。

以上のポイントをクリアすれば、常に自分に「今日も頑張れた」という自信を与えてあげることができます。休息も取れてストレスも感じない健やかな心に近づけると思います☆

分かりにくいところもあるかもしれないので、私の具体例をお教えしますね (^O^) ／

３浪目の私は、基本毎日９時から夜８，９時まで予備校の自習室などで勉強していました。だけど、寮に帰ってからは勉強「できない」ことが多く、それでいいのか……と自分を責めることもありました。

が、上記のポイントを踏まえて、もう寮に帰ってからは「勉強しない」というルールにして、そのかわり半身浴しながら英単語帳を眺めるようにしたりするようにしました(＾ｖ＾)机に向かわずに済むし、半身浴＝美容にいい！　ってのでストレスはなくなりました☆あと睡眠時間もけっこう取れました☆

また、１～２週間のご褒美に土曜？　か金曜？　にはテレビを１時間程度見るのを習慣化しました（＾ｕ＾）習慣化するとそれが楽しみで他の日はすごい頑張れました(笑)。

どっちみちそれぐらいは休んでしまうので、逆に「そういうスケジュールだから」ってので罪悪感もゼロです☆

あと、模試があった日は力尽きて２，３時間もしくはその日は勉強できないので、思いきってネットカフェで悠々自適に遊ぶことを習慣化しました。

以前は「その日のうちに復習しないでだらだらしてしまった……」と後悔しながら過ごしていたのですが、どうせできないなら結果は一緒（やり直しは次の日とか時間の空いた日にやって、ちょくちょく何回か繰り返し解きました）。次の日から全力で頑張ることを条件に、模試の日だけ特別に自分にご褒美をあげていました。

もちろん他の日は遊んでいません。だから私は模試の日は結構楽しみにして過ごしていました（笑）。

・自分のことをよく知ること。

・今の自分を正確に評価すること。

・今の自分を認めること。

・そして自分で自分をコントロールすること。

これができれば、受験で勝てるはず！！！！

◎合格するために、imagine

自分の昔を振り返ると、センターが近づいている時期の逃れられない辛さは忘れられないものがあります。毎日が不安・圧迫感と恐怖でいっぱいでした。自分のことだけでなく、親や家族の気持ち、家計のことなど、プレッシャーばかりの毎日でした。そういう状況にいて、さらにセンターが目標まで全然届いていなくて諦めそうになっている人向けのお話です。

例えば、今センターの点数が目標まで100点足りないとして。しかも、1教科は7割にいっていない。センター試験まではあと50日もない。周りを見ると自分より成績の良い人たちが毎日必死に勉強している。そんな状況の中だと、メンタル面は不調に。

そんな時、メンタル面を持ち直すのはおろか、望む未来を叶える！　ために大事なことって、なんでしょうか。例えば楽観して前向きに考えることとか、なりふり構わず勉強することとか、友達と話して気持ちを楽にすることとか、そういうことも必要だと思います。

その中のひとつとして私がオススメしたいのは、「imagine想像、創造、考えること」です。

具体的な想像とはどういうことかというと、上記の例でいうと、まず、あと100点点数を上げるためには、どの教科を何点上げれば良いのかを考えます。

そして何点上げるか目標を決めたら、苦手科目が得意になった自分のイメージを強くもってください。そのイメージに憧れたり、かっこよく見えたり、楽しそうだったりするといいです！　ただ考えるんではなく、もはや瞑想です(笑)。真剣にやるのが大事！　そして、その自分になれるって想像します。そこからがスタート。

その後、センター試験で目標点に届く自分を具体的に、現実化できる程度にイメージしてください。そのイメージ像ができたら、次にすることは、そのイメージ像にたどり着く自分をさらにイメージしていってください。

例えば、あと50日あるとして、今の時点で物理が50点台だとしますよね。もし50日間全てをセンター物理に費やせるとしたら、90点台を取ることは実現できるんじゃないでしょうか？　毎日毎日センター物理の問題を解き、理解して、復習して、知識を得るで、9割取れる学力、つきそうでしょ？　でも、その条件は実現不可能ですよね(>_<)

なら、全ての時間を物理に注ぐという条件を緩和しつつ、この条件なら物理が9割超えそう！　っていう条件をイメージしていきます。例えば、センター物理の波だけ50題解き終わった自分と今の自分の違いをイメージしたり、8割超えるまでセンター物理を解き続けるってのをやってみた後の自分をイメージしたり、そして、これだ！　っていうイメージができたら、想像を現実にすべく、行動に移します。

もし、今の時点でイメージが膨らんだ方は、少しポジティブになったり、やる気が出たりしているんではないでしょうか。

まぁ単なる私の考えなんですが、イメージ、ヴィジョン、って目標達成に一番大事だと思うんです。ただ毎日、人の意見に従って勉強している人は大きく進歩できない、そう思います。

ダイエットをするに当たって、部屋に目標体型の人のポスターを張るといい、って聞いたことがあるんですが、それも想像力の力なはず。トコトンイメージして、トコトン実行して、トコトントコトン……それだけで、物事はいい方向に向かうものだと思うんです。だから、イメージしないのはもったいない！

◎センター試験にむけて imagine

Imagine について書きましたが、これはセンター試験本番前日にしておくことで、本番パニックになることを予防するのにも役立ちます。ポイントとしては、具体的にイメージすることです。

例えば国語だと、試験開始の合図があって、表紙をめくって、評論を読み始めて……そして分からない問題が来たらどうするか……などなど、頭の中で予行演習をやると本番に落ち着いて解くことができます。

実際に私はセンターの前日は早めに寝て、頭の中でセンターを解くときの良いイメージを持ちながら眠りにつきました。すると、本番センターを解くときデジャブのような感じがして、落ち着いて解くことができました。

◎再受験者の勉強法インタビュー☆

今回は、再受験生の同級生にインタビューした勉強法です。進学校の高校を卒業後、高卒で７年ぐらい？　アパレル関係で働いていて、大学に入学する３年前に仕事を辞めて予備校に通い、見事医学部に合格という異例の経歴の友人がいるんです。どうやって勉強したの〜？と聞いたら

・仕事をしながら、夜は代ゼミの高校生向けのビデオ授業（見放題のやつ）を見ていた。

・そのビデオを、分からないところは繰り返し見ていた。

・疲れたときは、古文などをテレビを見るような感じで見るようにしていた。

・コツコツやるのが苦手で一つに集中するタイプだったので、１，２週間で薄い問題集を仕上げた。

・数学で言えば、「積分」といった分野を集中的にやって、終わったら次の分野をやる、というふうにした。

・英語は１日に長文を１，２題はやるようにした。

・英文法は、「英文法 1000」（正しい名前は分かりませんが）を１日 100 題やって 10 日で終わらして、その後繰り返した。

・河合塾の一番下のクラスから始めて、１年で一クラスずつ上がっていった。

・予備校の本科生になってからは予備校の問題集以外の参考書はほぼやったことがない。

といった感じの話を聞きました。

私がこれらを聞いてなるほど～と思ったのは、これらのやり方が高校生用のビデオ授業により、きちんと高校の範囲を網羅しているから、基礎がきちんとできていたこと、コツコツやるのが苦手な人に向いている勉強法なこと、分野を細かくして集中的に勉強することで、得意にしやすいこと、１，２週間単位で何かを終わらせる、という目的がはっきりしているため、モチベーションが維持しやすいなどの点です。

幾分か、自由な勉強だな～というかんもしますが、人によってはベストな方法になるかもしれません。浪人といえどもいろいろ忙しいとは思いますが、時間が作りやすい夏休み期間には、分野を決めてやりまくる、というのは私もかなりオススメです。

また河合塾の一番下のクラスから始めた点については、もしかしたら、3年間一番上のクラスにいるよりも、1年ずつ階段を上っていくほうが効率がいいのかも、と思いました。やはり、学習って下から少しずつレベルアップが大事なんですね。医学部受ける人ってやっぱりプライドも高いと思うから、上のクラスじゃないと！　って思ってしまうと思うんですが、本当は、受験って自分との戦いだし、周りは関係ないんですよね ^_^;

◎最善勉強法

私が受験においてとても大事にしている意識の問題についてです。それは「**最高より、完璧より、最善を目指す**」ということです。この意識があるかないかで、問題の解き方も大分変わってきます。

例えば、私が思う最高を目指す人の特徴は以下の通り。

・分からない問題がきたら予定時間をオーバーさせて解こうとする。
・問題集はとりあえず何も考えずに初めから解く。
・戦略を立てない。
・過去問対策をあまりせずに問題集ばかりやる。
・難しい問題、易しい問題の区別をせずにとりあえず全部解けるようになろうとする。
・難しい問題集が好き。
・見直しが甘い。
・大学の情報を余り知らない（学力があればどこでも受かると思っている）。

まぁこれらは浪人初期の私に当てはまりまくりです（笑）。

特に最後の項目について意外と知らない人が多いんですが、私立落ちて国立受かる人結構多いんです。産業医科大学落ちて国立受かった人を２人知っているし、昭和落ちて（もしくは最初から無理と諦めて）国立受かった人結構知っているし、久留米補欠で琉球受かった人いるし、などなど探したら結構な数いるんです。

けれど、医学部受験生って、結構模試の成績が入試に直結するって思っちゃってる人多いと思います。私も模試はA判定でも合格はプラス８点のギリ合格でした。だから、模試がいいからってどこの大学も受かる、ということはないということです。

では続き。

最善を目指す人は

- 自分の弱点を知っているから、それを補う戦略を立てている。
- 問題は解けるものから解く。解けないのは後回し。時間の使い方がうまい。
- 問題集は目的に応じて選ぶ、解く。
- 自分のレベルに合ったものを解く。徐々にレベルアップ。
- 過去問は研究していかに点を稼ぐか考える。
- 自分が受かる大学に貪欲。

・見直しする。

・やたら難しいものには手を出さない。

・復習メイン。

・常に最善策(時間・労力がかからない)の方法を考えている。

って感じです。先ほどの「完璧」を目指すよりも、「最善」であろうとする勉強のほうが、日標を達成するための効率がいいと思います。天才でなく、後がなく、どうしても医学部に行きたいなら、こちらをオススメします。

◎成績を上げるための要素！

今成績が伸び悩んでいる方の、これからの改善のためのヒントになればいいな！　と思って、私が考える「成績アップの要素」について話そうと思います。

以下の点についてチェックしてみてください。

・階段を上がるかのような、徐々にレベルアップする勉強をしているか（頑張っているのに偏差値 50 未満はこの点に問題があることも）。
・一度やった問題を「基本原理はなにか」「覚えるべき解法はなにか」「解くときに気をつけること」「今の自分の能力で解けるものか、無理なものか（捨て問かどうか）」などと分析したうえで印象付けて覚えているか。
・時間を短縮するための、または間違いにくい計算を用いているか（中位成績者の成績停滞者はここに問題があることも多い）。
・同じ大学、学部の合格者が知っているであろう問題を一度でも解いたことがあるか（現役、国公立高校出身浪人は極端にこの点が弱い）。
・演習量は十分か（ライバルや合格した先輩と比較して）（例え勉強方法が正しくても、絶対量にはかなわないことがある)。

・復習は少なくとも2回はやっているか（理解力が高いけれど自分に甘い性格のため適当に流しちゃう人はこれをやるだけで成績急上昇するかも !?)。

・試験慣れしているか（緊張して力が出し切れない人もいますがもったいないです)。

・暗記モノは暗記するソースを一つに決めているか。ゴロなどの活用はできているか（暗記の要領が悪い人は確実に損します、成績伸びません)。

・ミスを見つける、見直す訓練はできているか（できているつもりだった……という人はここが弱いかも)。

ざっと挙げてみましたが、この中で自分が心配になる点があればそこの改善を心がけるといいんじゃないかな～と思います !!

◎計算ミスを防ぐ見直しの具体策

数学や理科でケアレスミスを起こさないために、見直し方法と予防策についてです。

まず、ミスを起こさないためには

・計算スペースを用意して、計算があちこちに散らばらないようにする、順序を守って書く

・見直したときに読める字で書く、数字や記号は丁寧に

・必要のない展開式を書かない、暗算はしないがなるべく計算を工夫し簡単・簡素に書く（見直しの効率を上げる）

ことが前提です。これは普段気をつけて工夫するしかないですね (>_<)

さて、見直しには大きく言って３パターンあると思います。

① 式を変形するごとに前の式と比べる

② 答えが間違っていたり自信がないときに怪しいところを見直す

③ 答えが出たあとに時間に余裕があるので初めから最後まで見直す

この中で、計算ミスが多い人がやっていないこと、計算ミスが少ない人がやっていることで多いのは、おそらく①だと

思います。

私の受験指導経験上、計算ミスをほとんどしない人は、その分見直しを要所要所で行っています。そのような経験から、計算ミスの多い人は、「自分が間違いやすい計算をした後に見直しや確認をせずそのまま突っ走る」ことが多いなと感じます。

よって、今計算ミスが多い人は①のように式の変形のときにその都度確認を入れてみましょう。もちろん、その分時間はかかります。が、時間よりもまずは正確さを身につけて、そのあと時間の短縮に力を入れていけば良いのです。正確さは絶対に持っておくべき能力ですから！

ここからが本題なのですが、「式変形するごとに確認をする」ことをやってみたとして、「それに時間がかかりすぎる」悩みが出てきたらどうしたらよいのか、についてです。

これは、37～38ページで紹介した「計算ミスチェック表」が大いに役立ちます。計算ミス、というのは偶発性のモノもありますが、じつは「自分の癖」もあるのです。

例えばいつもマイナスをつけ忘れる、とか0と6を見間違える、とか掛け算でいつも同じのを間違える、とか。

私は実際に自分がやった計算ミスの種類と具体的事例について回数を調べて統計をとったところ、特定の計算やくくるときのマイナスの書き間違いなどの癖を発見しました。

その癖が痛いほど身にしみて分かれば、自分がミスしやすいポイントというのがなんとなく分かります。そうすると、時間がないときに自信のないところの見直しを重点的にすることができるので時間の短縮になりました。これで計算ミスはだいぶ減りました。ぜひ、やってみてください。

また、③についてですが、センターなどであれば出た答えを初期の条件に代入して確かめることができればOKですので、ぜひそこまでやってください。

また、理科についてですが数学のやり方とほぼ一緒です。ただ、特筆しておきたいのは「数字の書き方を統一させる」というテクニックは結構使えます！

どういうことかというと……

化学などで　0.00001とか0.002とか出てきたときに0を書き間違えないようにするために、私はいつも
0.00001 → 0.1 × 10(−4乗)　0.002 → 0.2 × 10(−2乗)
というふうに必ず0.○× 10（○乗）の形に揃えていました。そうすると、0の書き忘れや書きすぎのミスは抑えられます。

◎週の合計勉強時間で自分と戦う勉強法

これは私が浪人のときに1年間やっていたスケジュール管理というか、だらけずに、かつ疲れすぎずに勉強生活を送る工夫みたいなものです。

その方法というのは、

① 毎日なんの教科を何時間勉強したか記録する
② 1週間たったら、教科ごとに1週間何時間勉強したか合計する
③ 1週間で総合計何時間勉強したか記録する

というものです。

私は浪人時代にこうやって記録していくことによって、とても良い気づきがありました。

私の例でいくと、（実際のは覚えてないので時間は今作ったもの）

1週目　66時間（基準とする）
2週目　70時間（↑）
3週目　53時間（↓）
4週目　72時間（↑）
5週目　68時間（↑）

6週目　50時間（↓）

といった形で、２週間連続でたくさん勉強したら、３週間目は少し少なくなり、そしてまた次の週からまた多くなる、といったリズムがあることに気づきました。

これは記録をつけはじめて最初の１～２カ月で気づきました。でそのことに気づいてからは、そのリズムを崩さないように、２週続けては勉強時間を減らさないように気をつけたり、最後の１日でなんとか基準を満たすように頑張ったり、そもそもの基準となる勉強時間を増やすように先週の自分と戦ったり、とにかく過去の自分に負けない！　戦う感じで勉強していました。

目に見えて自分の過去の頑張り・今の頑張りが比較できるので、気持ちにも余裕というか、安心感ももてるようになりました。なかなか頑張りが続かない、毎日勉強していても何か不安がある方はやってみてください。

5 成功談④教科別オススメ参考書・勉強の仕方など

英　語

◎勉強の目的とそれに対応する参考書

【目的】

① 単語・イディオムなどの暗記ものを習得する。

② 文法をマスターする。

③ 長い1文の文構造（ＳＶＯＣの区別など）が判別できる。

④ 毎日最低500words ぐらいの英文を読む。

⑤ 同じ英文をスラスラ和訳ができるまで何度も読む。

⑥ 声に出して読む。

⑦ 英文の要約ができるようになるまで文を理解する。

⑧ 日本語で英文の要約を書いたり、説明したりする。

【参考書】

①②には「Next Stage　英文法・語法問題」（ピアソン桐原）という参考書や、予備校のテキストでいいと思います。が、

文法のセンター対策は過去問を中心にやっていくのがいいと思います。「Next Stage」は覚えていても復習のために何回も繰り返し見てください。

また単語集は、「システム英単語」（駿台文庫）、「速読英単語」（Z会出版）、「リンガメタリカ」（Z会出版）などがオススメです。

③には「英語長文レベル別問題集」（東進ブックス）、「ポレポレ　英文読解プロセス50」（代々木ライブラリー）、難しめですが「英文読解の透視図」（研究社）がオススメです。

「英語長文レベル別問題集」はレベル別に分かれており、解説にＳＶＯＣ、名詞節、形容詞節、副詞節などが全ての文に対して書かれているため、構造分析に適している問題集です。基本的な分析にいいです(英語がトコトンダメって人は、レベル３とかからやってみてください☆自分に合ったレベルをやるのがなにより大事です！)。

「ポレポレ　英文読解プロセス50」は、構造分析がしにくい長めの１文についてテーマを持って解説してくれているので、模試で意味が分からない文が多数あるという人には実力養成に持って来いだと思います。

「英文読解の透視図」はポレポレの難しいバージョンですが、繰り返しやることで読めない文章がなくなるぐらい徹底して構造分析力をつけさせてくれます。繰り返し読み込んで

英文を読むコツを掴むと英語が得意になると思います(^v^)
偏差値63～とかにちょうどいいかな？

④⑤⑥には「速読英単語」の上級編がピッタリです。私は地下鉄通学していたときに行きと帰りを毎日英語の時間にしていました。そしてその時間だけで1冊を3回以上読みました。これだけで英単語はかなり覚えられました。他にも予備校などでやるテキストを声に出して読むことを習慣化していくといいと思います。その時には、自分の実力より少し難しめの文がいいと思います。

⑦にとてもオススメなのがZ会から出ている「英文解釈のトレーニング 実戦編」（Z会出版）です。特に英文の要約を日本語で書かせる問題が入試で出る人は、やっていたらかなり自信になると思います。

あと仕上げの長文には河合塾から出ている「医学部攻略の英語」（河合出版）もかなりオススメです。あとは、志望校の過去問をやるのが一番効果的です。

基礎ができていない人はとにかく簡単な問題集から順にレベルを上げて、基礎ができている人は日々英文に慣れる練習をしていくのが一番効率のよい勉強法です☆

◎寝る前15分に映画の音声でリスニング♪

これは、実際に私が合格した年にやっていた英語リスニング力up＆息抜き方法です。大きな本屋さんで売っていた、映画のセリフ集（訳、単語の意味、文法の解説つき）と、映画のセリフをネイティブが少しゆっくりと吹き込んでくれたリスニングCDを買って、寝る前によく聞いていました。それが、「スクリーンプレイ」シリーズです。

けっこう最新映画とかもあります☆

ちなみに私は「エリン・ブロコビッチ」という映画が好きだったのでそれをチョイスしました。

リスニング対策を頻繁になんてこうでもしなきゃ（楽しみながらじゃなきゃ）、やってられるかー(゜Д゜)！！！　て思って、とにかく英語に触れることを目的として聞いていましたが、これが思いのほか効果があった気がします！　おかげで、センターリスニング問題集よりも100倍楽しくリスニングできました。

あ、でもあくまでも「息抜き」も兼ねてなので、ガチでハマるのはダメですが(笑)、1日5分～15分とかならいいと思います！

あ、最近はCDじゃなくてDVDのもありますが、それだと単に映画見ちゃうからダメですよ!!　あくまでも、耳でだけ情報を入れるためにCDにしてくださいね。手に入れるのはネットのほうが早いかもしれないので、欲しい方は「スクリーンプレイ」で検索してみてください。

数　学

◎オススメ問題集

　数学は結構人によってレベルに差があるから、問題集選びも難しいと思います。結果的には予備校の問題をスラスラ解けるまでになればどこの大学も大丈夫だとは思いますが、今はまだ予備校の授業を難しく感じる人がほとんどなのではないでしょうか。

　数学ができるようになるために重要となるのは演習量ですから、時間を作っていろんな問題に慣れることが大事です。

・「荻野の勇者を育てる数学ⅢＣ」（代々木ライブラリー）

　行列や微積の解法が分かりやすいので一度はやっておくといいと思います！

・「天空への理系数学」（代々木ライブラリー）

　難易度が高い問題集です。東工大や早稲田の問題が多いですが難関医学部を受ける数学が得意な人はやっていて楽しいと思います。が、数学が苦手な人はやるとしたら他のをやって、あとからがいいと思います。

・「医学部攻略の数学」（河合出版）

受験本番のときの合否の分かれ目になりそうな問題が多いので、実力を試すのにバッチリです。ただしこれも難しいので、予備校のテキストで勉強した経験のある人が類題を探すときに使ったり仕上げに使うのがいいかも。

・「細野真宏の確率が本当によくわかる本」（小学館）

私は数学の中でも確率が特にできなかったのでこれを繰り返しやったところ得意になりました。解説がとても丁寧で、基本から応用まで力をつけさせてくれます！　確率が苦手な方にオススメです。

【初学者用】

・「チャート式　基礎からの数学」（数研出版）の青のシリーズ

私は使っていなかったのですが、指導するようになって一番使った参考書です。基礎力をつけるにはまずこれを繰り返しやるといいと思います。

・「初めから始める数学」（マセマ出版社）のシリーズ

私は使っていなかったのですが、本当にはじめからやる場合に解説が丁寧でレベルもだんだん上げられるのでピッタリだと思います。解説が丁寧じゃないとつまずいてしまう人にオススメです。

特に医学部は積分で体積を求める問題は頻出ですから、対策はしっかりしてくださいね。得意といえない人は夏休みまでになんとかしたほうがいいです。

【センター対策について】

・「センター試験必勝マニュアル数学ⅠA（ⅡB）」(東京出版)

私はこれを夏休みに1回、後期に1回、センター直前に1回やりました。ふせんノート（P 34～35参照）で暗記すればすぐ覚えられるので、センターで時間が足りないという人は使うといいと思います。

正直なところ、センター模試はどこの予備校模試も簡単すぎるので（というかセンター本番とはやはりつくりが違う)、同じような点が取れると過信してはいけません。私は3浪目は模試で190点以上取ることが多かったのですが、センター本番は模試のようにはなかなかうまくいきませんでした。

苦手な人は必ず、今から苦手な分野だけ（ベクトルだけ、図形だけとか）を10分で解く練習を始めてください。そして最低過去問とセンター問題集あわせて30題ぐらいを解いて、さらに繰り返してください。これが満点への近道だと思います。

最後に。数学は同じ問題を繰り返してもいいし、違う類題を解くことで演習してもかまいません。ただ、理解するだけと解けるのとは違います。そこの違いを見極めて、毎日コツコツが大事です。私は浪人して偏差値が60から75(最高で)に上がりました。なかなか伸びなくて悩むこともありましたが、結果は後からついてきましたよ。

物 理

◎オススメ問題集

・「新体系物理Ⅰ・Ⅱ」（教学社）

基本から応用まで原理が分かりやすい。かなりいいです！　穴埋め形式が多い。証明問題から応用まではば広く網羅している！　入試や模試での的中率が高い。進学校では高校で使っている。

・「物理のエッセンス」（河合出版）

有名参考書。「名問の森」の姉妹書。公式などから解き方、考え方のルールが詳しく載っている。苦手な人はこっちを先に読んでから問題演習をするとよい。

・「名問の森」シリーズ（河合出版）

有名問題集。難易度は高めだけど仕上げの1冊に適している。やっておくべき。

・「良問の風」（河合出版）

「名問」の姉妹書。基礎から標準を固めるにはこっちらのほうが難易度が低めなので解きやすい。

化　学

◎オススメ問題集

正直化学は物理ほど良い参考書や問題集がない気がします……。正しい問題の解き方や考え方は大体一通りしかないにも関わらず、それを分かりやすく書いているものや網羅しているものは少ない。だから、いくつかの参考書（分野別など）を組み合わせたり予備校の先生に習うのが有益かもしれません。ですが、少ないなかでも良いものを挙げていきます。

・「化学の新演習」（三省堂）

難易度は高めな問題集。難関国立医を目指す人や完答しなければいけない人は、マスターすべき。ただ、苦手な人が初めにやると挫折しやすい。やる人は同じ問題を何度もやることで効果が出てくることを自覚して、長期的に使用していこう。

・「重要問題集」（数研出版）

多くの受験生が使っているスタンダードな問題集。「新演習」より問題数、難易度ともに落ちるが地方国立医志望や苦手な人はこちらのほうがやりやすくてよいと思う。弱点は難易度が高めのものや私立によく出る問題はあまり載っていないこと。

・「化学の新研究」（三省堂）

「新演習」の姉妹書の参考書。めちゃ分厚い。かなり難しいことまで書いてあるので辞書のように使うことを勧める。原理は詳しく書いてあるが解法はあまり書いてないのが残念。

・「医学部攻略の化学」（河合出版）

「新演習」と「重要問題集」の中間的な問題集。過去問から出題しているため実践に適している。しかし解法はそこまで詳しくない。

・「化学［無機（有機）］必出ポイント 70（98）の攻略で合格を決める」（文英堂）

覚えなければいけないことをスッキリとまとめてくれている薄い本。自分でまとめる代わりに使うと良い。大事な事柄は字が大きくなっていて見やすく覚えやすい。特に化学の暗記をこれからしようとする人にオススメ。

ちなみに私の勉強経験からすると、化学は特に気体と平衡、有機と高分子で差がつくので、そこをとことんやったほうが受験には有利かなと思います。また代ゼミのテキストはかなり役に立ちました。あとは意外に学校でよくやる「セミナー化学」とかが基礎をしっかりするためには良かったりします。

化学は理解と暗記と計算と、って大変ですがコツを掴んでしまえば安定した点数を出しやすいと思います。

国　語

◎センター対策用のオススメ参考書

・「銭形漢文」（星雲社）

私が漢文で35点〜伸び悩んでいた頃に使った参考書です。覚えにくい句形をゴロで覚えました。でもゴロだけじゃなく、考え方なども参考になりました。

・「現代文ゴロゴ解法公式集1センター試験編」（スタディカンパニー）

私が受験生のときにはまだ出ていなかった参考書なのですが、私が予備校生のときに習っていた先生の解法ととても似ていてオススメです！

ちなみに、センター国語の問題と私の解説が124〜149ページに載っていますので、参考にしてみてください。

6 センター試験対策
—センターの偽物で勉強するな—

センター理科

センターが近づくにつれ、みなさん過去問や模試などどんどん解いていくと思います。ただ、過去問等を見ると、え！

こんなのも知らなきゃいけないの？？　って問題、1問か2問くらい出てきますよね。

で、そういう問題の対処法なんですが、高校の教科書からセンターに出そうな細かいところ、図、表を見ておくこと！

がオススメです。日常に使われている〜とか、図、表は結構教科書から出ていますので、仕上げとして一度見ておくといいです。

センター数学

私の経験についての話です。３浪目の私は、模試で大体ⅠAで15分～20分余り、ⅡBで10～15分余りぐらいで190～200点ぐらい取れていました。

が、本番ではⅠA76点（図形でのパニック、計算ミス）、ⅡBで96点、合計172点という模試とはだいぶ違う結果に（私が受験した年はセンターは難易度が高かったこともありますが）。後期からまあまあセンター対策をしていても、現実はこんなもんだな、と思いました。

よく言いますよね、センターは記述やっとけばいい、とか、あとからやればいい、とか12月入ってからやる、とか。あれ、数学がすっごく得意な人以外にはウソですから(・ヘ・)国立しか狙えない人は特に!!　今模試で時間が余らない人はセンター対策始めましょう。「数学マニュアル」オススメです。目標は、ⅠA15分余り、ⅡB10分余り、です。

センター英語・国語

センター英語・国語の時間配分についてです。

私の場合は英語時間配分

①5分②10分③15分④10分～15分⑤10分⑥25分(今とは問題が変わっていますが)

解く順は①②④⑤⑥③でした。③が時間オーバーしやすかったので、最後に持ってくることにしていました。①②を早く終わらせて④⑤⑥を完璧に。③でゆったり考えて早く終わって見直し！　って感じで大体上手くいっていました。

国語は

①25分②20分③20分④15分

でした。ちなみに解く順は（私に限ってですが）古文が苦手なので、試験が始まったらまず古文を見て解く順を変えました。

【パターン1】

・古文の文が短い場合

解く順は

①④②③④（見直し）です。

古文が簡単（文が短い）なときは漢文が難しいので、漢文をちょっとやって（分からないものがきたら飛ばす）、他のを全部解いてから漢文に戻り分からないところをやることで「簡単な問題なのに時間が足りなくて解けなかった」ということを防ごうという狙いでした。

ただしこの時、漢文にかける時間を多くすると他に影響するので、必ず15分以内でやります。でもこの場合（古文が簡単なとき）、私は（古文が苦手、漢文は比較的得意なので）大抵スラスラいけていました。

【パターン2】

・古文の文が長い場合

（これは2010年のセンター国語に当てはまります）

解く順は【パターン1】の③と④を入れ替えればよいです。

本番では

現代文（自信あり）

→古文（センター本番で全く意味分からず適当に丸する）

→小説（自信あり）

→漢文（そこそこ）

→古文（残り時間全てかけて読解&修正）

ってな感じでした。まぁ何より時間配分を守ることが大事なんですが、私と同じように古文が苦手な方は参考までに。

センターのタブーな勉強法

センターの勉強のタブー（だと私が思っている）についてです。ズバリ、「センターの偽物で勉強するな！」って話です。

文系科目に限ってなんですが、英語、国語、社会（時事問題以外の）は過去問を繰り返し勉強するのが一番有効だと思います。理由は、過去問にしか通用しない解き方が実在するからなんです。

私も昔、駿台の人気講師、竹岡先生（ドラゴン桜のモデル）、小泉先生、代ゼミの青木先生から教わるまでは国語なども予備校の問題集を使っていました。でも先生方が言うように、センター国語・英語ができるようになるには、センター国語の過去問が一番だと勉強するうちに実感していきました。

過去問はもう出ない……とか言いますが、同じ解き方で解ける問題ばかり、と気づいたらめっちゃ自信つきますよ。文系科目は同じ内容は出ませんが、同じ解き方は出ます。でもそれは予備校が作った問題集では必ずしも通用しないのです。なので、ぜひ過去問研究で点を伸ばしてください！

センター国語　私の経験談

私がやったセンター国語の勉強内容についての経験談です。より参考になるために時系列に沿って私の経験を載せていきます。

☆センター現代文・小説

【高校生のとき】:

センターの過去問をとりあえず10年分ぐらいやってみた。

結　果：年度によって点数の浮き沈みが激しかった（大体60～80点ぐらいかな？）。

この時を振り返って……：センター過去問をただ何年分もやっても大して点は上がらない!!

【1浪目のとき】:

センター過去問（やったことないやつ中心？）プラス市販問題集をやった（何年分かは記憶にないのですが……）。

結　果：市販問題集は簡単すぎたり難しすぎたりで役に立

たず。能力的には1年目と大差なし。が、センター本番の問題が難しくて前年度よりかなり悪い点を取ってしまう。

この時を振り返って……：とりあえず問題をやればいいと思っていたのがダメとこの時気づいていれば……と悔やまれます。

【2浪目のとき】：

代ゼミの青木先生の授業を取る!! 初めてセンター国語現代文の正攻法を学ぶ。ただし学んだ気になっていて練習が足らなかった。センター国語の過去問を中心に何年分かやった。ただし1回ずつしかやらなかった。市販の分はやったらダメと言われていたのでやらなかった。

結　果：能力的にも点数も上がったが、まだまだ満足するレベルに至らず。

この時を振り返って……：いいところまで行ったものの、ツメが甘かったのでセンター国語の解き方をいまいち習得できていなかったのが反省点。

【3浪目のとき】：

駿台の小泉先生（福岡校）に出会う！ 解き方が青木先生とかなり似ていたので信頼できた！

先生の教えにのっとり、小泉先生の解き方を習得。解き方を何も見ずに人に教えられるぐらいになった。かつ、センター現代文の過去問を同じものを同じ解き方で解けるように10年分ぐらい最低2回はやった。自称過去問マスターぐらいな感じにまでなった (笑)。

結　果：評論はほぼ満点小説もまずまず (^^)/ ☆

この時を振り返って……：やはりセンター国語には決まった解き方がある！　それを教えてくださった先生に感謝 !!

以上が私の正直な遍歴でした。現役のときに予備校に通っていれば……な感じですね ^_^;

☆センター古文

【高校生のとき】:

授業で文法・古文単語を覚え、あとは和訳をしていた。センター古文は10年分ぐらいを解いた。

結　果：授業でやった和訳は全く役に立たず (笑)。センターの点は30 ～ 40 点ぐらいをうろうろ。

この時を振り返って……：なんで高校の授業は役に立たない和訳をさせるのか、いまだに疑問です (; 一 _ 一)

学んだことがセンターには生かされず、でした。

【1浪目～3浪目のとき】：

予備校の授業は最終的にはたいてい切っていました。ただ、センター間近になると文法と古単は地道にやってたかな。

結　果：実はあまり点数も変わらず(笑)。最後まで得意になりきれず終わりました ^_^;

この時を振り返って……：いまだに古文でどうやったら満点取れるのか分かりません(笑)。

☆センター漢文

【高校生のとき】：

「漢文必携」ってやつで漢文の勉強をして、教科書で和訳をしました。センターは同じく 10 年分。

結　果：高校のときから漢文は得意だったので 35 点、40 点ぐらいはコンスタントに取れていたかな。

この時を振り返って……：でもやっぱり、センター解くためだけなら和訳の授業はいらなかったと思う ^_^;

【1浪目～2浪目のとき】：

センター直前に市販の問題集や過去問を数年分解くぐらい。

結　果：高校と同じくらい。

【3浪目のとき】：

板野先生の「銭形漢文」の参考書をやって、今まで知らなかったことがあったことに気づく！　自信をつける。

結　果：前よりちょっと上がる☆

オススメ参考書については109ページを参考にしてください☆

7 センター国語 現代文の解説してみました

◎ポイント

評論です。

①　読む順番

まず、文章を量で２分割します。センターの過去問で最初から切れているやつは、そこで切ります。読む手順としては、前半を全部読んでから、そこまでの傍線部を解きます。そうする理由は、前半までを読むことで文章を理解し、誤読をせずにすむからなんです。そして前半までしか読まないのは、忘れないようにするためです。後半も同じように読みます。

②　対比をとらえる

読む順番がOKでしたら、次はココが一番大事です。

「対比されているものが何か」

をとらえます。

私の過去の経験からいって、センターの評論は多くが対比構造でできています。対比とはAとBについてどちらがいいか述べているものです。運がよければ、この対比をとれただけで問2がスパッと解けるときもあります。確か私が受けたセンターは1問それでスパッと解けた気がします。時間があれば過去問3年分ぐらいで、対比をとる練習をしてみてください。

③　問を解くときはまず傍線部が含まれる一文全体を読む

傍線部が文の途中から始まっているとき、その前の部分がヒントになっていることが多いです。特に接続詞がある場合はその前後の文章との論理的な関係を明確にすることで、筆者の主張→正解にたどり着くことができます。また、傍線部以下の所も重要です。

④　指示語をとらえる

傍線部に指示語がある場合（それが……、あれは……、これを……など）、一度傍線部の周りの文章を読んで指示語の内容を明らかにします。次に選択肢を見ます。すると、選択肢の中で指示語が正しく書かれているかどうかで正誤を判定できます。

⑤　傍線部の主語をとらえる

指示語と同様に傍線部の前を見て、主語を確定します。次に選択肢を見て、主語が正しく書かれているかどうかで正誤を判定します。

⑥　文を読むときは、とにかく「しかし、つまり、言いかえれば、したがって、なぜならば」の後の文に注目！　そして線を引く

ここを読むときに頭を使えば、作者の言いたいことの7割は掴めます。

⑦　問6の答えは、設問の形式によらず、全文の要旨をまとめているものが正解だと心得ること

とりあえずポイントの概要は以上なんですが、使えなきゃ意味がないってことで、続いて2000年本試験の評論の解説を行いたいと思います。

センター現代文　過去問実践編

【2000年　センター試験　現代文】

近代西欧の作曲家たちは、各時代ごとに、「音楽とは何か」という問いにそれぞれ異なった解答を与えてきたように思える——例えば、音楽とは抽象的な音の組み合わせの楽しみであるとした一派もあれば、音楽とは作曲者個人の内面的感情の表出であると考えた時代もあった。しかし、音楽が何であると考えるにせよ、各時代各派の人々は、作曲行為の結果として産み出される音楽作品というものは完結性のある客体的な存在をもつ音響構成体である、という了解を暗黙の内に保ってきたようだ。そして、特に注目すべきことは、このような作品概念が、音楽を楽譜という形で紙に「書き記す」という伝統と表裏一体の関係にある、という点である。

よく知られているように、音楽を「書き記す」という伝統は、中世後期からルネサンスの記譜法(注1)の発明に(ア)タンを発する。それ以前の音楽は、基本的には口頭伝承に依存したものであったわけだが、合理的な記譜法の発明は、そうした音楽を紙の上に書き留めて保つことを可能にしたのである。そして、ルネサンス期に、そうした記譜法が、更に、ひとつひとつの音の高さや長さを合理的に正確に示し得るように改められてゆくにつれて、かつての口頭伝承依存の時代には思いもよらなかったような、A非常に複雑な音楽が可能になってくる——口頭伝承依存期の(注2)単旋律の聖歌に代わって、個々に独立した動きをもついくつもの(注3)声部が同時に組み合わされるような、複雑な(注4)対位法的音楽が、芸術音楽の主体となってゆくのである。こうした複雑な音楽は、書き記されない限り伝達し得ないというばかりではなく、その作曲そのものも、「書くこと」に依存してはじめて可能になる。それは、一篇《いっぺん》の長大な小説や論文を(イ)シッピツする文筆家の創作過程になぞらえてみればわかりやすいかもしれない。つまり、文筆家は、頭の中で自分の作品を完成してからそれを機械的に文字として書きつけてゆくわけではなく、書きながら考え、推敲《すいこう》を重ねることによって、徐々に自らの作品を実現してゆく。その意味では、「書くこと」なしには、考えを進めることもできず、したがって、その創作過程は、「書くこと」に依存している、と言えるだろう。このことは、音符を紙に書きつけて作曲してゆく作曲家の創作過程にも当てはまる。すなわち、音楽が紙に書き記されるようになって以来、作曲という創作行為をも含めた意味で、音楽は「筆記」に依存するようになったのである。そして、筆記によって、作曲家は、音楽の細部から全体構造までにわたって入念な制御を行って、ひとつのまとまりのある音楽作品を仕上げることができる。恐らく、筆記に頼らずとも、完結性のある客体的な存在をもつ音楽作品を実現することは不可能ではないだろうが、筆記によってそれははるかに容易に行われ得るようになる。つまり、近代西洋音楽に広く行き渡っている作品概念は、音楽の筆記的本性によって促進されたものだ、とも言えるわけである。

さて、よく言われるように、紙に記された楽譜は、実際の演奏によって音響として実現されない限り、いまだ音楽ではない。存在論的な視点から考えれば、この指摘はまったく正しい。しかしその一方で、作曲家が自らの音楽作品を提示し得るのは楽譜という形においてでしかない。作曲家は、自分の作品を直《じか》に音響として人々に提示することはできないのである（独唱曲や独奏曲の場合ならまだしも、合奏曲であれば、複数の楽器を自分ひとりで操るわけにはいくまい）。作曲家が提示した楽譜は、演奏者によって演奏されて、B音楽としての実体を得る。言い換えれば、作曲家が提示するものは、音楽作品そのものであるよりも、むしろ、その音楽作品の「テクスト」(注5)なのであって、演奏者は、その「テクスト」を解釈して音響化することで、その音楽作品を実現する。したがって、ある作品は、様々な演奏家によって色々な解釈の下で異なって実現され得るが、それらの諸実現がどれも同じひとつの「テクスト」に基づいてなされたものであるが故に、それらはすべて、そのひとつの特定の音楽作品として同定される——ベートーヴェンが作曲した「運命」交響曲は、フルトヴェングラー（注6）が演奏しても、ブーレーズ（注7）が演奏しても、ベートーヴェンという作曲家の「運命」交響曲という作品なのである。

今ここで述べてきたような、音楽の筆記的特性とでも呼び得る性質は、今世紀の前衛音楽によって、単に受け継がれただけではなく、一層推し進められていった。作曲技法における筆記性が強まるだけでなく、同時に、演奏者に「解釈」の自由がほとんど残されていないような「テクスト」が書かれる傾向が促進され、音楽における「テクスト」の優位が絶対視されるようになっていったのである。このような音楽の筆記性は、一九五〇年代の前衛音楽でほぼ飽和状態にまで達した——少なくとも、多くの音楽家たちはそう実感していた。そして、一九六〇年代後期には、そうした筆記性の飽和への反動として、非筆記的な即興演奏へと向かう動きが、突然、急進的な前衛音楽家たちの間に広がり始める。そうした即興演奏とは、正に、演奏する奏者同士の間で行われる音響をバイ(ウ)カイとした口述的コミュニケーションを主眼とした音楽である。演奏の現場で直に、演奏に参加している全員によって作られるその音楽には、書き記された「テクスト」といったものは存在せず、したがって、「テクスト」の作者としての「作曲者」というものもない。強いて言えば、そこでの演奏者全員がそのまま同時にその音楽の作曲者であって、その音楽は、つまり、「個人」の名をもっていないのである——C音楽は無名性を獲得するのだ。

これは、西洋近代の芸術音楽に保たれ続けてきた筆記的伝統の否定であり、それはまた同時に、長い間筆記の優位によって抑え込まれてきた口述的な音楽の復権を意味していた。恐らく、一九六〇年代末から七〇年代にかけての時期は、筆記性の衰退と口述性の復権が最も(エ)ケンチョに意識された時代だった、と言えるだろう。前衛音楽の内部で、即興演奏による音楽への関心が急速に高まったというだけでなく、前衛音楽家をも含めた多くの一般の人々が、非西欧の民族的伝統音楽に真摯《しんし》な興味を示し始める、という現象も見られるようになった。非西欧の諸民族の伝統音楽は、口頭伝承に大きく依存してきた音楽であって、近代西欧音楽のような筆記性をそなえていない。ある程度までその理由によって、かつてそれらの音楽は、西洋音楽の伝統の中に居る人々から「原始的」なものでしかない、と見なされていた。しかし、その当の西洋音楽の筆記性優位が揺らぎ始めたとき、人々は、非筆記的本性の音楽にも正当な価値を認め、それらを、西洋音楽とは異なった種類の優れた音楽伝統として、高く評価するようになったのである。今や、アジア・アフリカ等の非西欧の諸音楽は、原始的なものであるどころか、西洋の音楽家たちが筆記的伝統をぬけ出すに当たっての、格好の導き手として意識され始めたのだった。

即興演奏という手段によって、そしてまた、非西欧の民族的伝統音楽をある程度まで参考にすることによって、前衛音楽家たちは、筆記性の否定（否定とまではいかないにしても、少なくともその「希薄化」）を試みたわけだが、興味深いことに、その試みは、ある意味で、それまでの芸術音楽と他のポピュラー的音楽(ジャズ、ロック、いわゆるポピュラー・ミュージック等)との間にあった溝を埋めるような結果を産んだ。つまり、ポピュラー系の音楽では、もともと、筆記的「テクスト」の重要性は極めて希薄なものでしかなかったからである——例えば、ポピュラー系の音楽では、たとえ「作曲者」がいたとしても、曲は、普通、その作曲者の名によってではなく、歌手の名によって記憶される。それは、その音楽が、作曲者が書いた楽譜としての「テクスト」にはあまり依存していないことの、ひとつの証《あか》しである。そして実際、前衛音楽家たちのその種の試みから生まれてきた音楽のいくつかは、それまでの芸術音楽の聴衆層の範囲を越えて、ジャズやロックの愛好家たちにも積極的に迎えられている。

こうした、筆記性の衰退という十数年前以来の事態を目の当たりにして、今日、作曲家たちは、再び、「作曲とは何か」という問題を問い直しつつある。多くの作曲家たちは、もう一度、「書くこと」の可能性を探り始めた。筆記性を否定した口述的音楽の洗礼を受けた後で、作曲家たちは、西洋近代の音楽伝統の根幹であり続けてきた「筆記性」を、距離をとって見ることができるような位置に至った、と言えるだろう。それは、伝統を単に受けいれて引き継ぐことでもなく、単に拒絶することでもない。「書くこと」の新たな形での復権が成されるとき、そこに、単なる否定ではない、「近代」のチョウ(オ)コクが達成できるのではなかろうか。Dそういう期待をもって活動している作曲家は、「ジャズは好きですか？」という問いに、多分、漠然と「いいえ」とだけ答えてしまうことになるのだ。

（近藤譲「『書くこと』の衰退」〈一九八五〉による）

（注）　1　記譜法——音楽を視覚的に書き表す方法。

2　単旋律の聖歌——教会などで歌われたメロディーだけの（ハーモニーのない）宗教歌。

3　声部――ソプラノ・アルト・テノール・バスあるいは高音部・低音部などのパート。

4　対位法――独立した複数の旋律を組み合わせた作曲技法。

5　「テクスト」――ここでは「書かれたもの」の意味。

6　フルトヴェングラー――ドイツの指揮者（一八八六～一九五四）。

7　ブーレーズ――フランスの作曲家、指揮者（一九二五～）。

問２　傍線部Ａ「非常に複雑な音楽が可能になってくる」とあるが、音楽を「書き記す」ことで、どうして「非常に複雑な音楽が可能」になるのか。その理由として最も適当なものを、次の①～⑤のうちから一つ選べ。

①　書くということは頭の中で自分が考えたことを目に見えるような形にすることであり、それによって、書く人の内面的感情という複雑で表現しにくいものが表現できるようになるから。

②　書くことで、ひとつひとつの音がしっかりと固定化し、それまでは曖昧《あいまい》な記憶に頼りがちであった音楽を、正確に演奏することができるようになるから。

③　書かれたものを見ることで作曲家は自分の作ろうとする曲を確認し、音の長さや高さなどの細かい違いまで検討しながら、種々の旋律を組み合わせることができるよ

うになるから。

④　書くことによって、ひとつのまとまりのある音楽を表現することが可能になり、一見無秩序で流動的な音楽を、より秩序だったものへと近づけていくことができるようになるから。

⑤　書かれた楽譜によって実際の演奏が行われる場合には、個々の指揮者や演奏者たちが、それぞれに独自の解釈を加え、多様な演奏ができるようになるから。

問３　傍線部Ｂ「音楽としての実体」とあるが、「音楽としての実体」についての作者の考え方を説明したものとして最も適当なものを、次の①～⑤のうちから一つ選べ。

①　紙の上に書かれた楽譜としての音楽は、実際に演奏者によって演奏されることで、はじめて自立し完結した「テクスト」として存在するようになる。

②　音楽作品は、様々な演奏者によって色々な解釈をほどこされることで、はじめて作曲家の特定の作品として存在するようになる。

③　一般になじみにくい近代西洋音楽の作品は、実際に演奏され音響構成体となることで、はじめて幅広い聴衆層に受けいれられる存在となる。

④　楽譜の存在がそのまま音楽というわけではなく、音楽

は演奏され感覚に訴えるものとなることで、はじめて実現された音楽として存在するようになる。

⑤　作曲家が提示した楽譜を演奏者ができるだけ忠実に演奏することで、はじめて音楽は筆記的特性に富んだ「テクスト」として存在するようになる。

問4　傍線部C「音楽は、『無名性』を獲得するのだ」とあるが、それは具体的にはどういうことか。最も適当なものを、次の①～⑤のうちから一つ選べ。

①　音楽が、ある特定の人間の作品であることから解放され、演奏者たちが演奏の現場で共同して即興的に作り出す作品として存在するということ。

②　口頭伝承期の音楽がそうであったように、音楽は作曲家や演奏者だけのものではなく、ある特定の集団に共有される財産のようなものとなるということ。

③　演奏者が作曲家の意向に全面的に従うために、「解釈」をする必要がなくなり、熟練した技があれば、ほとんど自動的に演奏ができるようになるということ。

④　音楽が、筆記的性格の強い近代西洋音楽から、非西欧の民族的伝統音楽に近づくことによって、「原始的」な力に満ちた野生的エネルギーをとりもどすということ。

⑤　作曲家ではなく歌手の名によって記憶されるポピュラ

ー音楽のように、世代を超えた多くの人々によって支持される大衆性をもつということ。

問５　傍線部Ｄ「そういう期待をもって活動している作曲家は、『ジャズは好きですか？』という問いに、多分、漠然と『いいえ』とだけ答えてしまうことになるのだ」とあるが、なぜ「漠然と『いいえ』とだけ答えてしまうことになる」のか。その理由として最も適当なものを、次の①～⑤のうちから一つ選べ。

① 急進的な前衛音楽家にとって、演奏者の間で行われる音響によるコミュニケーションであるジャズは、西洋近代の音楽伝統を乗り越えるものとして認識されているから。

② 音楽を「書き記す」という伝統を洗練させてきた近代西欧の作曲家にとって、アジア・アフリカ等の非西欧の音楽の流れをくむジャズは、すでに乗り越えられたものであるから。

③ 「書くこと」を距離をとって見ることができるようになった作曲家にとって、ポピュラー音楽であるジャズは、あまりに日常性と結びつきすぎて芸術的な音楽には向かないから。

④ 書くという伝統を単に受け継ぐだけではなく、拒絶す

るだけでもない作曲家にとって、即興性の強いジャズは、「書くこと」を考える上では参考にならないから。

⑤ 「書くこと」に新たな可能性を見いだそうとする作曲家にとって、ジャズの口述性は乗り越えなければならない課題である一方、その課題は容易に達成できるものではないから。

問６　本文の内容について説明したものとして適当なものを、次の①〜⑥のうちから二つ選べ。ただし、解答の順序は問わない。

① 音楽を楽譜に書き記すというスタイルが定着するにしたがって、演奏される音楽作品はきわめて複雑になるとともに、まとまりをもった客体的な存在としての性格を強めていった。

② 文筆家が書きながら考え、推敲を重ねながら作品を実現するように、急進的な前衛音楽家たちは、音楽の筆記的特性を推進することで、演奏者に解釈の自由がほとんどない「テクスト」を創出した。

③ 楽譜として書き記された「テクスト」はだれが見ても、時間をおいて見ても、同一であるので、基本的に「解釈」の自由がほとんど残されず、そのため実際の演奏はどの楽団が行っても同じようなものになる傾向が促進さ

れた。

④　口述的な音楽の復権は、西洋近代の芸術音楽に保たれてきた筆記的伝統に対して、口頭伝承に大きく依存してきた非西欧の諸民族の音楽家たちが主体的に反発したことがきっかけとなっている。

⑤　一九六〇年代の前衛音楽は、演奏者に確かな解釈を与える「テクスト」の優位に反発して、口頭伝承依存期の即興演奏へと回帰し、非筆記的な音楽へと衰退していった。

⑥　前衛音楽家たちによる即興演奏の流行は、非西欧の伝統音楽の再発見と連動して、従来の筆記的伝統に依存した傾向を希薄化し、やがて芸術音楽と大衆音楽とを近づけることとなった。

①　試験が始まったら、文章を量で2つに分けましょう。

2000年の（書くことの衰退）では、

72行目の「今ここで」あたりで切りましょうか。評論は20～25分で解きます。

②　では、読んでいきます。ある程度リズムを持って、分からないことがあっても無視して読みましょう。

たいてい、難しい文章の後には「例えば……」など説明があります。

この際、接続詞（しかし、つまり、言い換えれば、すなわちなどの）が出てきたら、線を引いて特に重要視して読みます。

【6行目】

「しかし、音楽が何であると考えるにせよ、各時代各派の人々は、作曲行為の結果として産み出される音楽作品というものは完結性のある客体的な存在をもつ音響構成体である、という了解を暗黙の内に保ってきたようだ。」

【31行目】

「つまり、文筆家は、頭の中で自分の作品を完成してからそれを機械的に文字として書きつけてゆくわけではなく、書きながら考え、推敲《すいこう》を重ねることによって、徐々に自らの作品を実現してゆく。」

【38 行目】

「すなわち、音楽が紙に書き記されるよになって以来、作曲という創作行為をも含めた意味で、音楽は「筆記」に依存するようになったのである。」

【47 行目】

「つまり、近代西洋音楽に広く行き渡っている作品概念は、音楽の筆記的本能性によって促進されたものだ、とも言えるわけである。」

【53 行目】

「しかしその一方で、作曲家が自らの音楽作品を提示し得るのは楽譜という形においてでしかない。」

【60 行目】

「言い換えれば、作曲家が提示するものは、音楽作品そのものであるよりも、むしろ、その音楽作品の「テクスト」なのであって、演奏者は、その「テクスト」を解釈して音響化することで、その音楽作品を実現する。」

ここまでで前半は読み終わりました。上の文章、それにこの文章の題名が「書くことの衰退」であることから考えても、この文章の対比は「筆記された音楽、と、筆記されていない即興的な音楽」であることが分かると思います。

③　ここまできたら、問2から解いていきましょう（問1は漢字問題なので、ここでは省略します）。

問2：傍線部Ａ「非常に複雑な音楽が可能になってくる」とあるが、音楽を「書き記す」ことで、どうして「非常に複雑な音楽が可能」になるのか。その理由として最も適当なものを選べ。

と、あります。ここで、真剣に理由について考えてはいけません!!　必ず傍線部に戻って、傍線部を含む一文を読みましょう！！！

傍線部に戻ると、18行目の

「そして、ルネサンス期に、そうした記譜法が、更に、ひとつひとつの音の高さや長さを合理的に正確に示し得るように改められてゆくにつれて、かつての口頭伝承依存の時代には思いもよらなかったような、非常に複雑な音楽が可能になってくる——口頭伝承依存期の単旋律の聖歌に代わって、個々に独立した動きをもついくつもの声部が同時に組み合わされるような、複雑な対位法的音楽が、芸術音楽の主体となってゆくのである。」

上の太字の部分で、「非常に複雑な音楽」の詳しい内容が分かりましたよね。実は、これが正解にたどりつくポイントだったんです。

実はこの問2、理由を聞いているのではなくて、「非常に複雑な音楽」とはどういう意味か、ということを聞いている問題なんです。他の問題でも、「それ、あれ」といった指示語が傍線部にあれば、その内容が正しく書いてあるものが答えなんです。つまるところ、分かりにくい単語を正確に分かりやすく書いてある選択肢が答えなんです。

選択肢を見てみましょう。

① 「……書く人の内面的感情という複雑で表現しにくいものが……」となっています。これは、複雑の内容が人の気持ちになっている点で違いますよね。

② 「……正確に演奏することができるように……」

複雑な音楽の内容がないのでバツです。

③ 「……音の長さや高さなどの細かい違いまで検討しながら、種々の旋律を組み合わせることが……」

複雑化の内容に適合しているので正解です！

④ 「……一見無秩序で流動的な音楽を、より秩序だっ

たものへと……」

　複雑になっていないのでバツです。

⑤　「……多様な演奏が……」

　書くことで複雑化するとは書いてないのでバツです。

　▶続いて問３です。

　問３：傍線部Ｂ「音楽としての実体」とあるが、「音楽としての実体」についての作者の考え方を説明したものとして最も適当なものを選べ。

　とあります。さっきの問２とあんまり解き方変わりませんね。ようするに「実体」ってどういう意味？？　ってことを正しく反映しているものが答えなのです。

　が！　傍線部に戻るすごさはそんなもんじゃございません！

　前に（Ｐ 123 参照）書いたように「主語を確定する」ことで、選択肢のうち２つは消せます。

　傍線部を含む一文は、58 ～ 59 行目

「作曲家が提示した楽譜は、演奏者によって演奏されて、音楽としての実体を得る。」

　とあります。ここから、主語は「作曲家が提示した楽譜」

であることが分かりますよね。

選択肢の主語を見てみましょう。

①「紙の上に書かれた楽譜としての音楽は……」

OKです。

②「音楽作品は……」

この文章は「筆記された音楽」について書かれているので、その区別がないこの文章は正解にはなりませんからバツです。

③「一般になじみにくい近代西洋音楽の作品は……」

もちろんバツです。

④「楽譜の存在がそのまま音楽というわけではなく、音楽は……」

一見ひっかけ的ですが、楽譜としての音楽について話していることが分かるのでOKです。正解を正解っぽくしないためにわざと難しくしたっぽい感じです。

⑤「作曲家が提示した楽譜を……」

OKです。

２つ消せました♪　では、「実体」について考えてみましょう。ここでもまたポイントですが、傍線部のあとに「言い換えれば」という、注目の接続詞があるのでここも読みましょう。

「言い換えれば、作曲家が提示するものは、音楽作品そのものであるよりも、むしろ、その音楽作品の「テクスト」なのであって、演奏者は、その「テクスト」を解釈して音響化することで、その音楽作品を実現する。」

つまり、楽譜＝テクストで、演奏＝音楽の実体ということですね。

①「……演奏者によって演奏されることで、はじめて自立し完結した「テクスト」として存在する」

音楽の実体の説明がないし、「言い換えれば……」から後の内容がデタラメなのでバツです。

④「……音楽は演奏され感覚に訴えるものとなることで、はじめて実現された音楽として存在するようになる」

絶対に正解！　とは言い切れないですが、とくにバツになる文はありませんからいったん保留しときます。

⑤「……演奏者ができるだけ忠実に演奏することで、はじめて音楽は筆記的特性に富んだ「テクスト」として存在するようになる」

①と全く同じ理由でバツです。

ということで、正解は④ですね☆

▶問４です。

問４：傍線部Ｃ「音楽は、『無名性』を獲得するのだ」とあるが、それは具体的にどういうことか。
とあります。

ここでのポイントは、
①　主語が一致している選択肢が正解
②　指示語や難しい語句、つまり「無名性」を正しく・具体的に説明しているものが正解

となります。今まで解いた解き方と全く同じですよね。

選択肢を見る前に、引用してある文を含む一文を見ると、
「強いて言えば、そこでの演奏者全員がそのまま同時にその音楽の作曲者であって、その音楽は、つまり、「個人」の名をもっていないのである——音楽は無名性を獲得するのだ。」
とあります。

つまり、無名性というのは、ショパンの作品だ、とかいう風に誰々の作品、として存在しないこと、ということが分かりますよね。以上より、選択肢の正解は例えば「音楽は誰々の作品という風にならなくなる」ということが書いてあるはずです。では選択肢を見ていきます。

①「音楽が、ある特定の人間の作品であることから解放され、……」

主語が音楽である点、無名性の説明がしてある点で正解そうですね。一旦保留して次を見てみましょう。

②「口頭伝承期の音楽がそうであったように、音楽は作曲家や演奏者だけのものではなく、ある特定の集団に共有される財産のようなものとなるということ」

主語は「音楽」であるので良いのですが、この文は「無名性」の説明になっていませんよね！　もしこれが正解なら、「無名性」の意味が「音楽がある特定の集団の財産になること」になってしまいます。そんなバカな(笑)。

③「演奏者が……演奏できるようになるということ」

主語も話も全く違いますのでバツです。

④「音楽が……野性的エネルギーを取り戻す……」

無名性の内容がバツです。

⑤「……世代を超えた多くの人々によって支持される大衆性をもつということ」

まず、主語がないので正解になる可能性は低いです。そして無名性の説明もないのでバツです。

よって正解は①ですね♪

▶問5です。

問5：傍線部D「そういう期待をもって活動している作曲家は、『ジャズは好きですか？』という問いに、多分、漠然と『いいえ』とだけ答えてしまうことになるのだ」とあるが、なぜ「漠然と『いいえ』とだけ答えてしまうことになる」のか。その理由として最も適当なものを……。
とあります。ここでも前に使った解法と全く同じで解けますよね!!

つまり、理由を考えてはダメなんです。
「そういう期待をもって活動している作曲家は、「ジャズは好きですか？」という問いに、多分、漠然と「いいえ」とだけ答えてしまうことになるのだ」を多少なりとも言い換えた選択肢が正解ですから、
ここでも**ポイント**

①　主語が一致した選択肢が正解

②　指示語、つまり「そういう期待」を言い換えた選択肢が正解

に気をつけて、傍線部を含む一文を見てみましょう。

今回は「そういう期待」という指示語があるので、傍線部を含む一文よりも前にある文章も注意して見る必要がありそうですね。

文を読んでみると、「多くの作曲家たちは、もう一度、「書くこと」の可能性を探り始めた。筆記性を否定した口述的音楽の洗礼を受けた後で、作曲家たちは、西洋近代の音楽伝統の根幹であり続けてきた「筆記性」を、距離をとって見ることができるような位置に至った、と言えるだろう。それは、伝統を単に受けいれて引き継ぐことでもなく、単に拒絶することでもない。「書くこと」の新たな形での復権が成されるとき、そこに、単なる否定ではない、「近代」のチョウコクが達成できるのではなかろうか。」に、どういう期待をもった作曲家なのかという説明が書いてあります。

それでは、選択肢を見てみましょう。

①「急進的な前衛音楽家にとって……」

はい！　主語が違うからバツ！

②「音楽を「書き記す」という伝統を洗練させてきた近代西欧の作曲家にとって……」

主語が作曲家な点はいいんですが、「そういう期待」の説明が間違っていますよね。ですからバツです。

③「「書くこと」を距離をとってみることができるようになった作曲家にとって、……」

②と同じ理由でバツです。

④「書くという伝統を単に受け継ぐだけではなく、拒

絶するだけでもない作曲家にとって……」

②と同じ理由でバツです。

⑤「「書くこと」に新たな可能性を見いだそうとする作曲家にとって……」

きちんと「期待している作曲家」を言い換えていますよね！　なんと主語だけで答えが見抜けました☆

実は問5は、内容だけ考えるとけっこう難しい問題なんです。おそらく真面目に考える受験生はここで時間を使ってしまうのかもしれません。これはいわゆるセンター製作部会のワナですねー。

主語で大体正解の予感を感じてから選択肢の文全体を読んでみてください。

①②③は、ジャズを「西洋近代の音楽伝統を乗り越える」だの、「すでに乗り越えられたもの」だの、「芸術に向かない」だの一般常識でもおかしいと感じる書き方をしていますから、正解の可能性は低いです。おそらく④と⑤で迷った方が多いと思いますが、「主語で見分ける」方法を使えば、正解にたどりつけますよね。これはセンター試験本番に役に立つと思います。

▶問6です。

問6：本文の内容について説明したものとして適当なものを、二つ選べ。
とあります。

評論の問6のポイントとしては「評論の中で主題となる対比のどちらか、または両方についての要旨が答えになりやすい」というものがあります。

①は対比のひとつである筆記についての要旨ですからマルです。

②は前半は筆記の要旨と非筆記の要旨がごちゃ混ぜ＆違っていますし、最後のところが要旨ではないからバツです。

③は筆記について書いてありますが（内容は間違っているのですが判断はつけにくい）、要旨ではなく枝葉の話ですから違います。

④は要旨でないことからも違うっぽいことが分かります。

⑤は要旨ではないし、常識からもジャズを衰退とは言えないのでバツです。

⑥は今回の評論の文章の要約・要旨なのでマルです。

ここでの要旨というのは、文章でのストーリーとなるもっとも大事なことと考えてもらえればいいと思います。

センター小説について

センター小説では以下のようなパターンがあると思います。

①　問題の文章が読みにくい（古典っぽい）、内容が奇妙、何がいいたいか分からない場合

→設問が簡単（評論のテクニック（指示語や主語、傍線部の言い換えで解く）を使って解ける）

②　問題の文章が簡単（普通のどこにでもある小説）な場合

→設問が難しい（評論の解き方が使えない、心情表現などはっきりと分かりにくい問題がある）

ってパターンの２つです。

このパターン２つともを解けるようになるために過去問で勉強するのは必須です！

パターン①の場合は、評論の解き方がそのまま通用しますから「言い換え・指示語・主語」をポイントとして解いてみてください。あと、表現方法を問われることがあるので過去問で類題を解いておいてください。

パターン②の場合は文章が読みやすい分、曖昧なところで落とし穴を作っていますので注意です。

ポイントとしては、文章を読みながら「心情表現とその心情になる原因の箇所に線を引いておく」ことです。また、「人間関係」がポイントになるので読みながら人間関係をしっかり把握してください。

あと、これはどちらのパターンにも通じるんですが、問6で正誤判断をする場合「いきいきと」、とか「爽やかに」、とか「とても」、とか人によって判断が異なるような言葉は正誤判断できないので消して、その他で判断してください。

参考程度に過去問演習にこれらの解き方を応用していただけるといいかなと思います (*^_^*)

8 浪人と偏差値の伸び 努力と向き不向き

・・浪人してからの偏差値の伸びについて・・

現役のときって、浪人して勉強したら偏差値がガラッと変わるってみんな思うと思うんです。でも偏差値って相対評価、いわば成績順位だから、なかなかガラっと変わることって難しんですよね(・ω・)

ちなみに偏差値50ってのが平均点になります。偏差値50あると、全国の受験生の真ん中に当たります。偏差値60だと、上位15%です。そして国立医学部の合格可能性が高くなる偏差値70はというと上位2%です。

偏差値を60から70に上げるのが至難なのは、元々成績がそこそこいい人達がこぞって上位２％を目指すことになるからです。みんなできるのに、それをさらに押しのける知識や技術がいるんです。教科書レベルでは戦いになりません(+_+)

偏差値を60まで上げることは、しっかりと勉強して、時間があって努力を怠らなければ、大体の人に可能だと私は思っています。で、偏差値65くらいまでは、お金と時間をか

けられれば、みんながみんなじゃないけれど、できると思います(・ω・)

ただ、65～70の国立医学部レベル（もちろん私立も同じくらい）は、勉強が好き、むしろ得意な人の中の戦いになるので、みんながみんな努力でどうにかなる話ではないと思っています(・ω・)つまり、向かない人もいると思います。ただ、元から頭はキレるけれど勉強しなかっただけの人は別ね(^^;)（本を読むのが好きとか、考えるのが好きな人は驚異的に成績が伸びる）

そしてさらに、偏差値だけじゃなくて実際に医学部に受かるかは、対策の有無とか問題が合うかとか、どこに出願するかとかがあるから偏差値が良くても落ちることもたくさん！

私立と言えども、国立医学部受かる人でも落ちることは多いです（友達にたくさんいます）。国立行けそうだったのに落ちて私立に行く人も多いと思います。だから私立も国立もレベルはそんなに変わらないと思います。

国立医学部しか行けない人はセンターで全てが決まるから、プレッシャーやストレスが半端なさすぎな上に多浪になるから、本当に精神やられます(T_T)

私立も候補にある人は気持ちに余裕あるからまだのびのび勉強できるけれど（ちなみに私は３浪目だけギリギリ私立も候補に入れたので気持ち的に救われてよかったです。プレッシャーのせいで力が出せない人もいるんですよね(^^;)おかげでセンターだけでなく記述も頑張れました)。

だから、私立も候補に入れられる人で勉強が得意だったり頭に自信がある人は、絶対医者になる夢は諦めないほうがいいと思う！(^^)!

国立医学部しか無理な人は、本当に頭に自信がある人または絶対に諦めるのが無理な人以外は簡単に多浪しないほうがいいと思う。仮面浪人はもっと受かりにくくなるけれど、時には別の道のほうがいいこともあると思う (T_T) （受かりにくいけれど、受かる人はもちろんいます！）

〝多浪するとプレッシャーが増して良くない結果になることあるから〟って感じなのが、医学部は国立医学部はもちろん私立も難しい由縁だと思います。現役で受かるのはほぼ超有名進学校だけです (^^;)

ちなみに、予備校で教員をやってきて担任の先生たちと話したり生徒を受け持って分かったのですが、浪人しても偏差値はほんとにみんななかなか上がりません。

さっきも言ったけれど、60 から上がなかなか。すごい頑張ってるんだけどね (>_<) 平均で５上がれば大したもの！
でも、みんなそれ以上が必要だろうな、ということで私は自分の苦い経験を元にブログを続けています。そして声を大にしていいたい。

上位２％になにがなんでも入りたいなら、お金をかけてでも、医大生に手取り足取り教えてもらってでも、自分の力をつけること。しかも一刻も早く !!

努力の量で、自分と同レベルの人に勝つこと。つまり、自分と戦って限界までやること！　私は自分に負け続けて３浪目に入りましたが、３年目は勝てたと思います (^^;)

こんな感じだけど、「厳しいなーけど、絶対やってやる！」って人、応援してます (*^O^*)

9 志望校を決めるときのポイント・アドバイス

・・調べておきたいポイント！・・

志望校を迷ってる方、特にどこでもいいから受かりたい方に向けての話です。志望校を決める条件についてですが、

・センターの判定のいいところに出そうとするのはみんなそうすると思います。あとは、

・二次との比率でセンターが良かった人はセンター配点が高め、悪かった人は低めの大学にすることや

・多浪の人は面接に重きをおいていない大学にする

・過去問を見て問題傾向が自分に合っている大学にする（難しい問題はそこそこできるが計算ミスが多い人は問題が簡単で高得点を取らなきゃいけないところは苦手かもしれない、逆に標準問題は取れるが応用になるとできない人は難しい問題のところはやめたほうがよい、など）

といったことを考慮しているかと思います。これに加えてぜひ志望校の決め手にしたほうがいいと思うのが

・出願倍率

です。センターが荒れた年は、地方国立医で二次配点が少し

高めなところに集中すると思います。倍率が高いところは自分と同じ力の人が多くなるわけですから、前年なら受かっていた人も落ちる可能性が高くなります。なので、倍率は低いところを狙うことは大事だと思います。

私の経験ですが、２浪のときにセンター84％で大分大学にあと５点で落ちました。記述のときになかば諦めてしまったのが主な原因でしたが、ひとつ悔やまれるのは、その年の大分大は倍率がかなり上がって、なんと倍率10倍だったのです。その前の年は５倍程度だったので、競争率は１年で断然上がってしまっていました。

倍率の差が少しの場合はセンターが下の層による影響も大きいと思うのであまり気にしなくてよいと思うのですが、例えば５倍と７〜倍ぐらい差があると考慮すべきだと思います。

あとは、多浪が気になるのが

・多浪は不利か

ですが、これは大学が公表している場合があるので（現役と１浪、２浪、その他の割合を）、それを比べてみるといいと思います。あとは予備校の先生が親切なら、その大学に入学した人に浪人比率を聞いてもらえるといいですが (^^;)

・・国立医学部　受かりたい人の出願校決定のポイント！・・

◎センターが思うように取れなかった人へ

今までの第一志望校は捨ててください。医者になりたいなら、どこの大学でもいいはずです。そんな人は、

①　地方、田舎の大学

②　医学部ランキングを見たときに偏差値が低い大学

③　倍率が低い大学

を探してそのなかでも記述の配点が自分に有利になる大学、センターの比率が高くないところ、に出願することをオススメします。

根拠は、センターで失敗した私の友人の多くはそういうところを狙って合格しているからです。記述で逆転しようとして逆転できずに不合格になっている姿を多く見てきました。センターで失敗した人が記述で高得点を取るのはめったにないです。

そういう人の多くは、出願の際に上記の条件の大学をいろいろ理由をつけて避け、自分の理想とする大学への逆転合格を掴もうとします。が、うまくいかないことが多いです。

上記の条件の大学は、センターリサーチでも一番よい判定が出るのに、倍率が高くならないですよね。私が思うに、そ

れは多くの医学部受験生が「避けた」結果だと思うのです。まあ、自分の経験入っていますが(笑)なら、あえてそこを狙って出願するのも手かと。センターがいい人が受けにきたら自分が落ちるかも、と思ってしまいがちですが、センターが取れた人は偏差値の高い大学に出願しますから大丈夫です。

自信をもって言えるのは、人気のない大学・自分が行きたくない大学ほど受かりやすいということです。見栄や理想は大事じゃないです。なにがなんでも「受かりやすい」大学はどこかをしっかり探してください。

大手予備校が出している「センター試験合否得点分布表」というものを見たことがありますか？　これを見れば、センターで何点の人が何人合格し、何人不合格か、最低何点台の人が合格したのか、など一目瞭然です。

私がめちゃ迷ったあげく佐賀大学に出願したのは、過去数年を見て、センターで点数がよい人から順に受かっているという法則を発見し、落ちることはないという確信をもったからでした(私が受験した４年前の話なので現在は知りません。またこれは佐賀特有でなかなかこんな大学はなかったです)。

◎センターがそこそこ取れたけれど多浪の人へ

言い方は悪いですが、予備校は合格実績を上げるためにもなかなかハイレベルなところを勧めてくる可能性が高いです。どうしても行きたい大学、というわけでなければ、せっかくのセンターのアドバンテージを行かせる大学にしたほうが懸命です。もし落ちたとしても予備校は責任取ってくれません。

・・医学部　センター：二次でみる受験出願校アドバイス・・

◎センターと二次の比率の考え方

・センター：記述＝１：１～２　の大学

あくまでもセンターを通過点、記述で本領発揮！　という人や行きたい大学がはっきりしている人、センターより記述のほうが模試で判定がいい人、英・数・理どれかで得意科目があって点数差をつけられそうな人、センターでまあまあな点を取れた人、センター失敗したけれど記述はすごいです！

ってな人はいいと思います。

・センター：記述＝１：１　の大学

センターで微妙～ボーダー上な点だったけれど、記述で失敗しなければいけるかな？　という感じの人はここで真っ向勝負するのはいいと思います。まあようするに記述次第です。また、センターで失敗したけれど記述はまあイケるって人もオススメ。

・センター：記述＝1～2：1　の大学

おそらく、地方の大学の方がこういう傾向が強いです。

センター大失敗!!　出せる医学部あるのか？？　って人は、ココ。諦めるぐらいなら、こういう大学の中で少しでも受かる大学を選んでください。

めっちゃ田舎・倍率低い・医師不足で困っている・記述で自分が得意な科目がある・過去問をやってみたら結構解ける・地域枠がある、ってなところを探せば穴場があると思います。

センター大失敗したなら、それでも医者になりたいなら、諦めたくないなら、現実を見てイチかバチかでやるしかないです。情報戦で勝ち抜きましょう。

・センター：記述＝3：～1　の大学

これぐらいセンター比率が高いと、センターが取れて、かつ記述に自信がない、もしくは多浪などで後がない人が多いと思います。一方、センターが取れて記述もまあまあイケる人はより高みを目指して別の大学を受けるので敵にはなりません。B判定ぐらいある人は断然オススメできます。

☆センター大失敗したため医学部受験を諦めざるを得ない人へ

浪人は今年まで、という制約があって他学部を受けなければならないなど、いろいろ事情があると思います。医学部受験は何年浪人しても受かる可能性は分からないし、家庭の事情で何年も浪人できるのは一部の人だけだと思いますから、しょうがないことだと思います。諦めるという選択肢も、それはそれで新しい選択肢が広がる立派な決断だと思います。

もちろんやりたいことはやったほうがいいと思いますが、それは医者じゃなくてもできることだったり、違う視点から叶えられることも多いはずです。思わぬ道が、自分にベストな人生を与えてくれたりするものだと思います。もしそうでなかったら、そうでないと思った瞬間からやり直すことは絶対にできます。大丈夫です。今落ち込んでいても、いい未来しかきません！

☆医学部受験する方へ

センターで失敗して医学部受験すらさせてもらえない人っていっぱいいます。親御さんのおかげで幸運にも受験できるなら、昔の私のように途中で諦めたり適当にしたりしないで、最後まで望みにかけましょう！！！　最後まで諦めずに全力を尽くしましょう。必死で情報を集めましょう（親に協力してもらっていいと思います)。

だれがなんと言ったって、無理と言われたって、絶対に医学部を諦めないあなた!!

それだけ強い気持ちがあれば、医者になれます (*^_^*)

頑張ってください!!

10 私立医学部受験について
―多浪生と現役生は私立を受けるべき―

医学部受験は年々難しくなっていて、いまや学費の高い私立医学部の難易度は国立医学部と大差なくなっていると思います。特に関東圏の医学部は地方国立よりも難易度が高かったり、希望者が多かったりしています。

国立医学部しか行けないっていう多浪生の中には今まで私立を受けたことないって人もいると思いますが、私は多浪生と現役生は、実力を養成するためにも私立を受けるべきだと思っています。私立医学部は国立と違ってチャンスがたくさんあります。

でも、倍率も何十倍であり、学校によって問題の傾向もバラバラです。それなりに対策をしていかないと、模試の成績がいい人でも落ちてしまいます。厳しくて、はっきりとした現実を知るためにも、多浪生と現役生は私立受験をして、自分の力を試してみるのがいいと思います。

11 悩み事“Q＆A”
─現役・浪人・多浪・仮面・再受験・親─

現役生・浪人生の悩み事Q＆A

Q どうやったら成績が伸びますか？

A 一人でなんでもできると思わずに、自分の師匠を見つけて頼ってください。成功した人からいい方法を盗んでください。素直に人から言われたことを実践することが実はとても難しいと思うんですが、私の周りの成功者はそういう人が多かったです。

Q 成績が悪いんですが、今から医学部に行けますか？

A 現実的にいうと、短期間で医学部に行けるレベルまで成績を伸ばすことってとても難しいし、なかなかできる人はいないと思いますが、世の中には周りが不可能と思うことをやってのける人もいますから、だれにも答えは出せないと思います。
ただ言えるのは、たとえ失敗する確率が高くても頑張りたいって人じゃないと結果は出せないと思うので、やる気が一番大事だと思います。

多浪生の悩み事Q ＆ A

Q 多浪が不利な大学はありますか？

A 噂の域ですが聞いたことはあります。ただ噂なので、志望校の多浪比率を調べるのが一番確実だと思います。

Q 多浪生は浮きますか？

A 全く浮きません。なぜなら、予備校には多浪生は少数ですが、医学部内では多数になるからです。多浪を一番気にするのは予備校生時代までだと思います。むしろ現役で受かった人とかは珍しいので周りが「すごいね！」ってなるぐらいみんな浪人しています。
なのでみんな浪人の痛みを知っている人ばかりなので、浪人の辛さ話で盛り上がること多しです（笑）。

Q 歳の差は気になりますか？

A 気になりません。同学年であれば年齢が10歳上の人でもタメ口で話します。仲良しグループも年齢はみんなバラバラです。気の合う人と年齢はあまり関係しないみたいですね。

Q 多浪生は成績が悪いですか？

A すごく成績が良い人も、まあまあな人も、悪い人も、いろいろな人がいます。現役生も1浪生も同じなので、多浪だからといって特に違うところはないと思います。

仮面浪人・再受験生のQ＆A

Q 再受験を始めるか悩んでいます。どう思いますか？

A 医学部の中に再受験の人は多いので、挑戦することはいいと思います。ただし、予備校に行っていない人が予備校生に勝つというのは勉強時間の面で大変難しいことだと思うので、予備校には行くべきだと思います。
しばらく勉強から遠ざかっている場合は、空いている時間にビデオ講座を見るなどして基礎を身につけておくといいと思います。

Q 浪人しても受からなかったので、今年大学に行って仮面浪人しようかと思っていますがどう思いますか？

A どうしても医者になりたいのなら仮面浪人よりは普通の浪人のほうが受かりやすいと思います。実際に大学に行きながら勉強できるのはごく少数だと思うので。

医学部を諦められるなら保険として大学に行ってみてもいいと思いますが、私が今まで知っている限りでは、仮面浪人しても諦められなくて途中で大学を辞める人や卒業してからまた医学部受験を再開する人がほとんどです。

Q 再受験は面接で不利ですか？

A 不利ではありません。社会経験がある人や理由があって途中で方向転換をした人はむしろ高評価だそうです。

評価が下がるのはニートや明らかに勉強していなかった多浪など、目標を持って努力してきていない人であって、そうではない再受験生は不利にはならないそうです（絶対というわけではないですが、面接官経験者から聞いた話です）。

親の悩み事Q ＆ A

Q 浪人中の子供にどう言葉をかけたらいいか分かりません。どうしたらいいですか？

A まずは、受験生に代わって言います。いつもありがとうございます<(_ _)>

受験生というものは親からあれやこれや言われるのがストレスで、おそらく受験中は親子の関係性もうまくいかないことが多いと思います。

私も浪人中は、親に何を言われるのもプレッシャーでストレスでした。だからもしよければ、受験生には何も言わずに、おいしいごはんやヘルシーな夜食を作ってあげるなど、言葉ではない何かを与えてあげてほしいなと思います。

12 医学部に入ってから
—3年間の浪人はムダではなかった—

私は浪人中の頃よく、「医学部に入ったら毎日勉強勉強で、予備校生のときより勉強している。大学に入った後のほうが辛い」という話を聞いていました。

そうなのかな……と思いつつ医学部に入学し、早5年目に突入しましたが、断然浪人中のほうがきつかったです(- ω -)/。あの地獄の苦しみに比べたら、大学生活は毎日遊んでいられるパラダイスであります。春休み・夏休み・冬休みなどなど1～2カ月は完全オフだし、テスト期間中以外は勉強もほぼ必要ではないです。ただ!!　テスト期間中のみに限っては、浪人中に発揮した以上の暗記力を求められますが……(^^;)

多浪ということで入学前は心配もありましたが、大学に入ってみると自分よりも年齢が上の人が多く、友達も年齢差関係なしにたくさんでき、心配が本当に無用だったなと感じました。

勉強面でも、浪人中の経験があってか、昔よりも効率良く勉強でき、友達と協力しあってテストもほぼ落ちることなく（1つだけ再試にかかったことはありますが）進学できています。

大学には本当にあらゆる面で才能を持ったすごい人がたくさんいて、そんな人たちとたくさん友達になれる環境にいられて、本当に良かったと思います。３年間も浪人したけれど、諦めなくて本当に良かったなと思っています。

おわりに

いろいろと偉そうな言葉を並べてきましたが、私がこの本で伝えたいことは一つです。

真剣に夢を持って頑張っているのに現実が思うようにいかなくて辛い思いをしている人がいたら、その人が納得した人生を送れるための方法はきっと、「へこたれないで最後まで信じて頑張ること」しかないということです。

２浪目の頃まで、自己流に走りすぎていたり、間違った情報に乗せられていたり、なんでも自分の力だけで解決しようとしていたために何度も失敗を重ねてきました。２浪目に最後の望みだった大学に落ちたときは、悔しくて悔しくて、これ以上人間は涙を流せないんじゃないかと思うところまで１日中泣いていました。

そして３浪目に入ったとき、本当に毎日不安で不安で、将来の不安に押しつぶされそうな心境でした。

だけど、やっぱり医者になれない人生なんて考えられなかったから、いろいろと頭を悩ませて勉強法を考えたり、個別に指導してくれた医学部生の先生から勉強法をたくさんアドバイスしてもらったり、予備校の先生に不安を吐露したりして、なんとか自分というものをコントロールして踏ん張っていきました。

私は周りに恵まれていたから、なんとか自分の思う進路に行くことができたんだと思います。

だけど、もし昔の私と同じ立場にいて、同じ思いなのに環境や考え方が違うせいで途中で諦めてしまう人がいるなら、それはとてももったいないことだと思います。少しの希望や励ましがあるだけでその人の人生が変わるなら、私の拙い経験が何かの役に立てるなら、と思いブログをやってきました。

もし昔の私と同じ経験をしている人がいるなら、納得がいくまで、自分を信じて、諦めずに頑張ってほしいなと思います。

■著者紹介■

井本　万里子（いもと・まりこ）

３年間の浪人生活を経て第一志望校である産業医科大学医学部に合格。2014 年現在、大学５年生である。
大学１年生のときに「元３浪の医学部生による受験生のためのブログ。」を開設。浪人時の経験・生み出した勉強法を基に 200 名以上の受験生と交流し、毎年医学部合格者を輩出している。

現役女子医大生が教えます！
諦めないで！　医学部合格の
極テクニック

＊定価はカバーに表示してあります。

2014 年 10 月 5 日　初版第１刷発行

著　者　井　本　万里子
編集人　清　水　智　則
発行所　エール出版社
〒 101-0052　東京都千代田区神田小川町 2-12
信愛ビル４Ｆ
e-mail ： info@yell-books.com
電話　03(3291)0306
FAX　03(3291)0310
振替　00140 － 6 － 33914

ISBN978-4-7539-3276-4